本书为中国博士后科学基金第61批面上二等资助"澳大利亚和新西兰的南极政策研究：国家利益及政策实践"（资助编号：2017M611537）、上海交通大学文理交叉海洋专项基金项目"南极海洋保护区的法律与政治博弈"（课题编号：16JCHY12）

门户国家经验视角下中国参与南极治理的问题及策略研究

何柳　著

WUHAN UNIVERSITY PRESS
武汉大学出版社

图书在版编目(CIP)数据

门户国家经验视角下中国参与南极治理的问题及策略研究/何柳著.—武汉:武汉大学出版社,2018.8
ISBN 978-7-307-20382-2

Ⅰ.门…　Ⅱ.何…　Ⅲ.极地—管理—国际合作—研究—中国　Ⅳ.D822

中国版本图书馆 CIP 数据核字(2018)第 164568 号

责任编辑:李　琼　　　责任校对:汪欣怡　　　版式设计:汪冰滢

出版发行:武汉大学出版社　　(430072　武昌　珞珈山)
　　　　　(电子邮件:cbs22@whu.edu.cn　网址:www.wdp.com.cn)
印刷:北京虎彩文化传播有限公司
开本:720×1000　1/16　　印张:13.5　　字数:192 千字　　插页:1
版次:2018 年 8 月第 1 版　　　2018 年 8 月第 1 次印刷
ISBN 978-7-307-20382-2　　　定价:40.00 元

目　　录

引　言

一、研究意义

党的十八大提出了建设海洋强国的宏伟目标，极地在海洋强国战略中具有独特作用，极地强国建设是海洋强国建设的重要组成部分。我国南极考察和研究工作经历了准备初创阶段（1980—2000年）和发展壮大阶段（2001—2015年），当前已到了迈向极地强国建设（2015—2030年）的全新历史阶段的起点上。

在当前快速而深刻变化的南极形势和国家极地战略需求的情况下，极地问题研究需要围绕极地强国建设的目标，以国际极地强国为参照，进一步明确我国的南极战略目标，加强战略研究。对中国参与南极治理的相关问题进行深入、系统的研究，从战略高度为我国的有效参与和路径选择提供科学的智力支持和可行的政策建议。

澳大利亚和新西兰同为"南极门户"国家，既是南极"标杆"国家，又是中国开展南极国际合作和南极外交、参与南极事务所必须倚重的国家。2014年11月，习近平主席访问澳、新之际，先后与两国政府发表联合声明，决定将中澳和中新关系提升为"全面战略伙伴关系"，分别与两国签署了"海洋极地合作协议"和"南极合作协议"。在中国与澳、新关系新定位的形势下，研究两国南极政策既是我国制定长远战略和具体政策的参考蓝本，也是进一步加强与澳、新南极合作的重要前提。

在相互依存的全球化时代以及加速的全球气候变暖的背景下，南极治理作为目前全球治理的重要组成部分，也理所当然地成为国内外学术界研究的一个热点问题。作为南极条约协商国，中国拥有"南极条约体系"赋予的合法权益，即自由科考与合作、环境保护、资源管理、维护和平。因此，积极、有效地参与南极治理，加强在南极地区的实质性存在，开展高质量的南极科学研究与国际合作，有助于推动我国科学进步、提升中国在南极事务中的话语权、维护和实现我国在南极的合作权益。

2008 年以后，尤其是十八大以来，随着中国海外利益的不断扩大，中国的国际地位正从区域大国向新型世界大国转变，未来中国外交应将努力拓展包括极地在内的高边疆，以应对新一轮更高水平的大国综合国力竞争，争夺发展的战略制高点和国际规则的主导权；同时也可以从参与极地治理入手，在南极事务及治理方面贡献更多的"国际公共产品"，将极地视为展示我国作为一个负责任、有担当的大国对国际社会作出贡献的平台，并进一步以极地作为外交平台塑造中国良好的国际形象，扩大影响力和话语权。

参与极地治理不但有助于维护和实现我国的合法权益，还将有助于提升和扩大我国的国际形象和影响力。极地治理将是展现中国"负责任大国"的新形象、深化中外利益交汇点的战略举措。因此，对中国参与南极治理的相关问题应该上升到外交政策和战略的高度进行深入、系统、全面的研究。

本课题拟以"澳大利亚与新西兰的南极政策"为研究对象，以公共政策的研究视角对澳、新两国南极政策的历史演变、战略目标、政策实践进行全面、系统的探讨和分析，进而针对当前南极国际治理形势下，中国如何制定自己的南极政策、参与南极国际事务，开展与澳、新两国的南极国际合作提出对策和建议。

本课题的学术价值和现实意义有以下几点：

第一，本课题的研究有助于通过澳、新南极政策个案分析，推动公共政策的深化，也为公共政策领域研究提供新的案例。本课题将"公共政策的制定—内容—实施"这一分析框架应用于澳、新两国南极政策的研究领域，全面、系统地探讨两国南极政策出台、内容以及执行等内容。南极社会科学研究作为新兴的研究领域，具有其独特性和新颖性。因而，本课题的研究将为公共政策的研究提供新的案例。

第二，本课题将为中国开展与澳、新两国的南极国际合作提供政策建议。本课题的最终落脚点是探寻中国与澳、新开展南极合作的政策领域。中国参与南极国际事务存在诸多的困境和不利因素：地理上，不具有临近南极的地缘优势；历史上，中国开展南极考察，参与南极事务时间短；南极研究方面，中国的南极科学研究起步晚。因而，在当前南极国际治理环境下，积极开展与澳、新等南极大国的国际合作是化解中国参与南极事务不利因素，提升中国参与南极治理的有效途径。鉴于此，本课题将为中国与澳、新的南极合作提供政策建议。

第三，本课题将为中国制定自身南极政策，更广泛地参与南极治理提供政策建议。本课题通过对澳、新两国南极政策的全面分析，结合中国实际和国情，将进一步总结出我国未来制定自身南极政策可以借鉴的经验，同时探讨澳、新参与南极治理的经验可以对我国更广泛地参与南极国际事务和南极治理提供政策建议。

第四，本课题的学术价值还包括：南极治理的研究与实践将为全球治理理论提供新思路和新案例，有助于深化包括极地治理在内的全球治理的理论研究；有助于深化战略与外交新疆域内在本质的理论探讨；有助于拓展我国外交与国际政治的学科范围。

第五，本课题的现实意义还在于：有助于为贯彻、落实十八大以来建设海洋强国、"十二五"以来积极参与极地海洋事务，建设极地强国的新使命，维护和拓展国家极地权益提供理论支撑；有助于进一步巩固我国在南极地区的实质性存在；有助于更加有效地维护和实现国际条约赋予中国在南极地区的合法权益；有助于提升中国"负责任"大国的国际形象，推进中国的全球战略；有助于从战略上为中国积极、主动地参与极地治理提供科学依据和对策建议。

二、国内外研究现状综述

关于澳、新南极政策和中国参与南极治理的研究，国内外全面、深入的研究成果并不多见。目前国内外相关的研究均从各自学科角度对相关的问题进行了一些探讨，这些看法和分析为本课题的进一步研究提供了丰富的素材和基础。

（一）国内研究现状综述

我国极地社会科学领域的研究起步较晚，但近几年来随着"十二五"期间"南北极环境综合考察与评估"国家专项的设立，国内学者从国际政治、法律、安全、经济等领域开始研究两极问题，目前已形成一个较广泛的极地社会科学研究网络。相关的研究成果也如雨后春笋般不断涌现出来，并且逐渐从以介绍、论述为主，快速发展到较具深度和较为系统的分析研究。

但近年来由于南极条约体系的有效运行，南极的国际问题和国际法的发展处于相对稳定和相对静止的状态，国内社会科学的学者对南极问题的关注度远远不如北极问题，相关的新研究和新成果也并不多见。目前，国内关于南极社会科学的研究主要集中在以下几个方面：

第一，南极治理中的环境保护和资源开发利用问题。代表性论文如，潘敏《论南极矿物资源制度面临的挑战》（《现代国际关系》2011年第6期）。文章认为，保护南极环境和暂时冻结矿物资源活动这两个南极矿产资源制度的主要原则面临严重的挑战。主要原因是，《南极条约》是以"实力"为原则，这将使南极矿产资源活动呈现"形式平等而实质不平等"；"南极条约体系"缺乏具体、严格的保护南极环境的制度和措施，对2048年以后的南极资源问题未作任何规定。条约体系形成于特殊历史条件下，只适合管理较少的人类南极活动，对于目前南极越来越多的人类活动束手无策。若任由这种情况发展，南极有可能重新成为"国际纷争的场所"。

朱建钢等《南极资源纠纷及其开发利用前景分析》（《中国软科学》2005年第8期）、《南极资源纷争及我国的相应对策》（《极地研究》2006年第3期）等文章对南极资源状况进行了概要的阐述，并对可能存在的资源纷争进行了分析，同时也对各种南极资源活动与环保、南极考察与资源调查以及南极资源开发和利用与高新技术应用的关系进行了讨论，并展望了南极资源的开发利用前景，最后探讨了我国在南极资源问题上应采取的基本国策和对策。

第二，南极治理的法律与政治问题研究。从法律角度讨论南极条约体系与国际海洋法在南极地区的重叠问题以及两个体系之间在实践中的冲突，并就未来趋势提出看法的代表性论文，例如：朱瑛、薛桂芳：《南极地区大陆架划界引发的法律制度碰撞》(《极地研究》2011 年第 4 期)一文提出了《联合国海洋法公约》和《南极条约》两套法律体系在南纬 60°以南地区并存的现实让领土主张国变相实现领土占有诉求存在漏洞，并提出了可能的解决建议。

阮振宇：《南极条约体系与国际海洋法：冲突与协调》[《复旦学报》(社会科学版) 2001 年第 1 期]深入分析了几个南极领土主张国之间争端的前提与动因，进而分析其主权主张的国际法基础，指出发展中国家的"人类共同遗产"主张与主权要求国的南极无主地的主张之间拉锯局面有助于保持南极领土主权被"冻结"的现状，这一现状对于我国加强在南极的科学研究活动和提升发言权是有利的。

专门讨论南极海域法律地位的代表性论文有：陈力的《论南极海域的法律地位》[《复旦学报》(社会科学版) 2014 年第 5 期]。该文章认为：以 1959 年《南极条约》为核心的"南极条约体系"与联合国《海洋法公约》在重叠适用于南极海域时产生了权利义务的碰撞与冲突。在"南极条约区域"内，基于《南极条约》确立的主权"冻结"原则以及条约体系建立的南极环境保护的价值导向，任何形式的海域主权要求因其缺乏基本的法律与政治基础，所以是非法和无效的。"南极条约体系"不仅否定了主权要求国提出的海域主权要求，而且限制了各国依 1982 年《联合国海洋法公约》享有的公海与"国际海底区域"权利；在"南极条约区域"外，岛屿主权国延伸至"南极条约区域"内的合法的外大陆架权利及专属经济区权利与条约体系的冲突，则因南极地区特殊的地缘状况与政治法律安排得以缓冲和兼容。

南极海洋保护区是南极国际治理中的最新议题之一。2009 年英国提议的南奥克尼群岛海洋保护区获准设立。近年来，美国与新西兰提议设立罗斯海海洋保护区以及法国、澳大利亚和欧盟等提议设立东南极海洋保护区，在南极海洋生物资源养护委员会内就此问题展开了新一轮的利益角逐与政治博弈。专门讨论其国际法问题的代表作有：陈力的《南极海洋保护区的国际法依据辨析》。主要观点是：争议的焦点集中在南极海洋保护区的合法性、必要性与可行性等问题，集中反映了国际社会在海洋生物资源养护与合理利用、人类当代利益与后代利益、粮食安全与可持续发展等合法利益之间的平衡与取舍。我国应当积极参与南极海洋保护区这一南极治理新规则的制定，努力引导其朝着有利于维护南极条约体系稳定以及我国南极利益的方向发展。目前，我国应将谈判重心从南极海洋保护区设立的合法性转向设立与管理的科学性和必要性，以《南极海洋生物资源养护公约》确立的"生态系统方法""风险预防方法"以及"最佳科学依据"为依托，在利益平衡基础上完善现有提案；在加大南大洋科考力度的前提下，选取具备保护价值的海域，提出我国自己的南极海洋保护区提案，从而维护我国在"南极条约体系"中的核心利益。

专门讨论南极治理的国际组织问题的代表作有：陈力的《南极国际治理：从南极协商国会议迈向永久性国际组织？》[《复旦学报》(社会科学版)2013 年第 3 期]一文分析了南极条约体系从"去中心化"到局部机制化，再到全面机制化的漫长演变过程，认为南极条约体系内已经形成了涵盖 ATCM 决策机制、CCAMLR 与 CEP 局部机制和负责行政事务的南极条约常设秘书处等在内的国际组织雏形。该文提出在现有机制基础上建立一个永久性国际组织有利于体系内部机制的整合，进一步明晰其国际法主体地位，而且还将增强其与其他国际组织的联系与互动。

专门讨论南极治理的新议题及挑战的代表性论文有：阮建平《南极政治的进程、挑战与中国的参与战略——从地缘政治博弈到全球治理》(《太平洋学报》2016 年第 12 期)主要讨论了目前以"南极条约体系"为基础的南极政治生态面临的潜在挑战：以生物勘探为代表的新技术、新产业对自由交换科学研究成果和分享收益的南极原则提出了挑战；以强化实质性存在为目的的南极活动对主权冻结安排提出了挑战；现代科技的发展对南极非军事化目标提出了挑战等。在此基础上提出了中国的参与战略：继续维护"南极条约体系"的稳定，巩固在南极地区的实质性存在，扩大中国对南极政治进程的实际参与和话语权，统筹南极战略与全球战略，实现两者的良性互动。

专门讨论南极地缘政治的代表性论文，例如：陈玉刚《批判地缘政治学与南极地缘政治的发展》(《世界经济与政治》2012 年第 10 期)一文通过批判地缘政治学的理论角度来分析南极政治的运作过程与规律，指出各国在南极事务上的竞争不仅仅是实际行动上的竞争，还包括在国际南极事务上创造对自己有利的概念、符号和知识体系，即掌握南极事务话语权的竞争。因此，我国在南极事务上也应当重视与南极有关的知识体系的创建与传播。

第三，南极治理的历史演变、现状和发展前景以及对《南极条约》本身和条约体系的研究。郭培清的《南极洲与联合国关系浅析》(《太平洋学报》2006 年第 5 期)一文中通过整理联合国与《南极条约》组织关系的历史发展轨迹，认为超级大国有意的政治安排与条约本身包含的合理内核是联合国无法插手南极事务的真正原因。在其另一篇文章《非政府组织与南极条约关系分析》(《太平洋学报》2007 年第 4 期)一文中，探讨了与南极条约组织有关的各种非政府组织，分析了两者之间存在的合作与排斥关系，以及非政府组织对南极事务施加影响的机制，其结论认为非政府组织在南极事务上发挥的影响具有总体意义上的积极效果。郭培清、石伟华论文《〈南极条约〉50 周年：挑战与未来走向》[《中国海洋大学学报》(社会科学版)2010 年第 1 期]，探讨了《南极条约》和条约组织所面临的挑战以及条约自身包含的缺陷，对条约未来可能的三个发展趋势作了分析，认为条约的稳固性毋庸置疑。

第四，代表性国家的南极政策的研究。已有的中文文献已涉及的国家有：(1)美国，例如陈力：《美国的南极政策与法律》、李升贵和潘敏：《南极政治单极化趋势——以美国南极政策为中心的考察》、郭培清：《美国政府的南极洲政策与〈南极条约〉的形成》和《美国南极洲政策中的苏联因素》等，上述文章分别从历史、政治和法律的角度讨论美国南极政策演变和形成的过程、动因以及未来趋势。(2)澳大利亚，例如徐敬森等的《澳大利亚南极政策浅析》。(3)新西兰，例如何柳：《新西兰的南极政策与中新南极合作》。(4)德国，例如周菲：《德国参与南极事务的历程与特点及其启示》。(5)法国，例如周菲：《法国对南极事务的参与以及对中国的经验借鉴》。(6)马来西亚，例如郭培清、石伟华：《马来西亚南极政策的演变：1982—2008》。(7)印度，例如郭培清：《印度南极政策的变迁》。上述文章分国别讨论了上述这些国家在南极的利益诉求、实现和维护本国南极利益的政策手段。

(二)国外研究现状综述

国外学者对南极问题的研究具有鲜明的时代特点：1959 年《南极条约》签订后，相关研究重在分析条约本身的形成过程和今后的发展。20 世纪七八十年代，由于大量可利用海洋生物资源和潜在可开发石油资源的发现，国外学者关注的焦点转向阐明各国对南极主权的要求、各国利益和特权因素以及讨论《南极条约》体系的存废问题。90 年代以来，研究的新问题是《南极条约》体系如何在原有体制之下规范资源开发和环境保护。

国外学者对于南极问题的讨论主要集中在三个方面：

第一，南极治理的历史演变、面临的挑战和未来。代表性著作有 Olav Schram, Davor Vidas 编著的《治理南极：〈南极条约〉体系的有效性及合法性》(Governing the Antarctica: The Effectiveness and Legitimacy of the Antarctic Treaty System)一书详细探讨了南极事务中存在的环境保护、旅游、矿产资源等一系列问题，并分析了条约体系可否有效解决这些问题来实现南极有效治理。Oran R. Young 的《极地政治：创造国际化的环境管理机制》(Polar Politics: Creating International Environmental Regimes)一书对现有的极地环境状况、极地珍稀物种分布的情况以及极地面临的南极臭氧层空洞等重大环境问题作了分析，提出了设立国际化的极地管理机制的构想。

第二，南极法律的研究。Arthur Watts 的《国际法与南极条约》(International Law and the Antarctic Treaty)一书回顾了条约的发展历程以及条约内外国家之间存在的诸多争执，并就南极活动应当依据的法律框架提出了一定的建议。Peter J. Beck 的专著《谁拥有南极？对最后一块大陆的治理与管理》(Who Owns Antarctica? Governing and Managing the Last Continent)以南极主权之争为考察中心，以国际法理论的视角分析了条约的具体内容，指出完全消除南极的领土主权要求或主权要求国完全实现其主张都是不切实际的，维持现状是最好的选择。在其另一本专著《南极的国际政治》（*The International Politics of Antarctica*）中，也从国际法视角回顾了条约和条约体系建立、发展的历程，以此来探讨条约在国际政治领域中对争端国搁置领土主权争议、共同研究极地的启示。

第三，主要国家的南极政策或战略。Klaus Dodds 在《南极地缘政治：从环南大洋国家的角度出发的考量》（*Geopolitics in Antarctic：Views from the Southern Oceanic Rim*）一书中详细考察了澳大利亚、新西兰、南非、印度等环南大洋国家对南极的利益诉求，认为《南极条约》虽然达到了使南极摆脱冷战对抗的目的，但是美苏之间，其他国家之间在南极的潜在争夺始终都存在，"冷战从未波及南极"的观点是缺乏实际依据的。智利学者 Oscar Pinochet de la Barra 在《智利的南极主权》（*Chilean Sovereignty in Antarctica*）一书中详细介绍了《南极条约》签订前错综复杂的国际关系，认为正是智利和阿根廷两国在领土要求上的坚定决心和对联合国托管的坚决抵制才真正促成了《南极条约》的产生。*Virginia Gamba* 在《南方海洋战略：南美洲的观点》（*Strategy in the Southern Oceans：A South American View*）中以拉美国家为研究对象，侧重分析阿根廷、智利两国之间的关系和在南极问题上的对抗与合作。美国乔治·华盛顿大学 Ethel Rosie Theis 在博士论文《为了国家利益：美国的南极政策，1960—1992》（*In the National Interest：US Antarctic Policy*，1960-1992）中对 32 年来美国南极政策的特点、动因进行了探讨，指出现有的南极条约体系和南极地区的和平状态对美国的南极利益是有利的。

（三）国内外研究现状的不足之处

第一，已有的国内外研究成果以全球治理的理论视角分析"南极治理"与"中国参与"的相关性等理论问题的讨论不够，从"人类整体论"和"共同价值论"的价值导向出发对中国参与南极治理的理论基础的研究不够深入。

第二，已有的研究缺乏对我国参与南极治理的战略定位，即南极角色定位问题的探讨。当前我国自身南极角色定位的某些模糊性与不确定性不利于南极活动的开展和对南极事物的参与；国际舆论对于我国意图和南极利益普遍存在疑虑。因此，旗帜鲜明地设定我国的南极战略定位有助于澄清、化解来自国际社会的猜疑，也是进一步参与国际南极治理的基础与前提。

第三，较少有研究专门深入、系统地讨论中国参与南极治理的路径选择，尤其缺乏前瞻性地分析在极地强国建设的全新历史阶段，我国从战略、策略以及具体路径方面应如何扩大和提升参与力度，如何将实现和维护中国的南极利益融入推进人类整体利益中等。上述国内外研究成果为本课题的研究提供了丰富的研究资源和学术借鉴，同时相关领域尚存在的问题与不足更为本课题的研究提供了进一步探索的空间。

总体而言，国内外对于南极国别政策的研究有待进一步拓展，研究深度也不够，尤其是在澳大利亚、新西兰南极政策研究方面，虽然已有学者讨论、分析过，但主要集中在两国南极政策的发展演变、现状、影响等方面，并且陈述较多，分析研究较少，缺少分析框架和理论工具。

本课题的研究就是针对上述不足之处，以"公共政策的制定—内容—实施"为分析框架，以文献研究法为主，实地调研、访谈的方法为辅，以历史分析法和对比研究法相结合的研究方法，全面、完整地探讨澳、新两国南极政策出台、内容以及执行情况等内容。在具体政策内容分析层面，本课题将围绕"科学研究""环境保护""国际合作""宣传教育""维护和平"五个微观政策领域，深入、细致地探讨澳、新两国在这五个领域的南极政策制定、具体内容以及实施状况。另外，不同于已有的研究聚焦于政策的内容和历史发展，本课题还将格外重视澳、新两国南极政策出台后的实施状况、在实施过程中遇到的问题或困境，以及在此种情况下，政策所作出的修改。

三、研究目标

本课题通过对"澳大利亚和新西兰的南极政策"的研究，预期达到以下五个目标：

第一，全面梳理澳大利亚、新西兰南极政策的历史演变，分析南极地区在两国国内外交政策和公共政策议程设定中的地位。

第二，深度分析当前南极国际治理环境下，澳大利亚、新西兰南极政策的战略目标，两国在南极地区的国家利益。

第三，系统阐述澳大利亚、新西兰为实现其南极政策战略目标所采取的政策实践，以及各自的南极政策当前的执行状况。

第四，为中国参与南极事务、制定南极政策提供有益的借鉴，更好地实现和维护中国南极国家利益。

第五，寻求中国与澳大利亚、新西兰可以进行南极合作的政策领域，最终为中国更广泛、更深度地参与南极国际治理提供政策建议。

四、研究内容

本课题以澳大利亚、新西兰的南极政策为研究对象，以为中国制定南极政策、参与南极国际治理、开展南极国际合作与南极外交提供借鉴与对策为研究宗旨，利用文献研究、实地调研和访谈相结合的研究方法，全面探讨澳、新两国南极政策的历史演变及其演变动力，着重分析当前南极治理环境下两国南极政策的战略目标、国家利益，以及为实现其战略目标所采取的政策实践；在此基础上，对比两国南极政策，分析造成澳、新南极政策异同的原因；本课题研究的最终落脚点是为中国制定南极政策、参与南极治理、开展与澳、新之间的南极国际合作和南极外交提供借鉴和政策建议。

具体而言，本课题将从以下五个方面开展研究：

第一，澳大利亚的南极政策研究。本部分的研究首先将根据澳大利亚政府发布的官方立场文件、南极政策声明和南极国内立法，理清在不同历史时期，澳大利亚的南极战略目标和国家利益分别是什么，其战略目标的优先性和重要性有何不同；进而将具体围绕"科学研究""环境保护""国际合作""宣传教育""维护和平"五个微观领域，分析澳大利亚在这些领域所制定的具体政策是什么，其政策形成的国际、国内环境，政策出台的过程，政策制定者的考量，以及政策出台后的执行状况。

第二，新西兰的南极政策研究。本部分的研究与第一部分的研究思路一致，将探寻新西兰的南极战略目标与政策实践。首先将根据新西兰政府发布的官方立场文件、南极政策声明和南极国内立法，理清新西兰南极战略目标和国家利益在不同时期的侧重点和优先考虑的议题是什么；进而将具体围绕"科学研究""环境保护""国际合作""宣传教育""维护和平"五个微观领域，分析在当前南极治理环境下，新西兰在这些领域所制定的具体政策是什么，其政策形成的国际、国内环境，政策出台的过程，政策制定者的考量，以及政策出台后的执行状况。

第三，澳、新南极政策比较分析。澳、新在参与南极治理方面的相同之处有两点：其一是邻近南极的地理位置以及与南极悠久的历史渊源决定了两国都较早地参与了南极科考和探险，并且在南极事务和南极治理方面发挥了举足轻重的作用。两国都是1959年《南极条约》的原始签约国，都积极参与了"南极条约体系"的后续条约的制定。其二是两国都形成了一套权责明晰、分工明确、协调有序的南极事务管理和研究机制。不同之处在于：其一是新西兰国力有限，在南极科研和后勤方面相当依赖国际合作；其二是新西兰南极罗斯属地创建的法律基础较不充分；相比之下，澳大利亚南极领土的法律基础更为牢靠，因而澳大利亚也是在维护南极主权方面最为强势的国家。但近年来，财政困难成为制约澳大利亚南极科研和考察的最大掣肘。在第一、二部分研究的基础上，本部分将对澳、新两国所采取的南极政策进行比较分析，探讨其中的相同点和不同点，分析造成差异的原因，展开讨论上述异同点对于各自的南极政策制定的影响。

第四，澳、新南极政策对中国的启示。在前三个部分对澳、新南极政策全面分析和对比研究的基础上，本部分研究将从中发掘出对中国制定南极政策有益的经验。拟从以下几方面具体分析：一是加大对南极科学研究的支持与投入，提高南极科学研究质量；二是明确我国的南极角色定位，并在此基础上发布全面阐述我国南极政策的官方文件；三是高度重视人才培养与人才储备；四是加强与澳、新的南极国际合作，扩大南极外交；五是参考澳、新经验，形成一套权责明晰、分工明确、协调有序的南极事务管理与研究机制。

第五，中国与澳、新开展南极国际合作的政策建议。在前四个部分的研究基础上，本部分将试图寻求中国与澳、新可以进行南极国际合作的政策领域，并最终为当前中国参与南极国际治理提供政策建议。拟着重探讨以下政策领域：当前双方在南极科学、环境和安全领域如何深度构建利益共同体；在联合科研、专业人才培养、后勤保障、气候变化等领域如何进行优势互补，开展互利合作；在南极旅游和教育领域如何继续拓展合作空间。

五、研究方法

（一）文献研究法

文献研究是本课题的主要研究方法。本研究将利用文献搜集、电子文献数据库和其他网络资源广泛搜集相关中英文专著、论文以及澳、新两国的政府文件、国内立法、政策声明，了解最权威的信息、数据，跟进政策动态。在此基础上对中英文文献资料和相关材料进行整理、归类、解读，尽可能全面、客观、科学地综述和分析澳、新两国南极政策，作出科学的定性分析和价值判断。

（二）实地调研与访谈

本课题的研究将以实地调研和访谈的研究方法为辅助。赴澳、新两国进行实地调研，收集资料，其间与两国南极问题专家进行访谈和交流，广泛地收集信息。通过实地调研、访谈、咨询等方式拓宽资料、信息的来源，扩大研究视角，更全面客观、科学地分析在当前南极国际治理的环境下，澳、新两国各自在南极地区的战略目标、所采取的政策实践以及其南极政策的执行状况。

（三）历史分析法与比较研究法

本课题还将使用历史分析法与比较研究法相结合的研究方法，对澳、新两国南极政策进行纵向追溯与梳理分析，理清不同时期两国南极政策各自的特点，总结两国南极政策演变的过程；同时，还将横向比较分析两国南极政策共同点和区别所在，分析政策差异背后的原因；最后，对比我国的情况，为我国参与南极治理提供更切实可行的对策和建议。

六、研究思路

本课题将按照文献收集—文献分析—调研访谈—政策建议的思路开展研究：

第一，文献收集。广泛、系统地收集澳、新两国南极政策相关的政府文件、立场声明、国内立法以及学界的学术论文、著作，并根据不同历史时期，对中英文文献进行分类和梳理，为后续研究奠定基础。

第二，文献分析。对已收集的文献进行深度分析，深入分析澳、新两国南极政策的演变、战略目标和政策实践，并对其政策的执行现状进行追踪，最后对澳、新两国的南极政策进行比较分析。

第三，调研访谈。赴澳、新两国进行实地调研，与两国南极问题专家进行访谈和交流，广泛地收集信息。拓宽资料、信息的来源，扩大研究视角，更全面客观、科学地分析在当前阶段，澳、新两国各自在南极地区的战略目标、所采取的政策实践以及其南极政策的执行状况。

第四，政策建议。在前三个阶段的研究基础上，发掘出对中国制定南极政策、参与南极国际治理的有益借鉴，并且寻求和探讨中国可以和澳、新开展南极合作的政策领域。

第一章　新西兰南极领土主权的历史与现状论析

罗斯属地是新西兰在南极地区声称拥有的领土，其范围包括南纬 60°以南，东经 160°至西经 150°之间所有的岛屿和领土，总面积为 45 万平方公里。1841 年，英国探险家詹姆斯·克拉克·罗斯爵士在其南极探险过程中发现了一个从南大洋最易到达南极大陆的深海湾，并将其命名为罗斯海。1923 年，英国颁布枢密令，创建罗斯属地，同时将其行政管辖权移交给新西兰总督。

作为领土要求国，主权利益是新西兰南极国家利益最为核心的问题。新西兰对南极旅游、资源开发、生态保护等事务的关切源于其"门户国家"的地理位置，也源于其对罗斯属地的领土要求。那么，英国为何要创建罗斯属地，又是运用何种方式将该领土责任交付新西兰；新西兰在罗斯属地问题上的立场经历了怎样的变化，其在维护领土主权方面有哪些具体举措及表现。本章内容试图探讨并回答上述问题。

第一节　新西兰南极罗斯属地的创建及其法律基础

在历史上，新西兰与南极之间唯一的联系仅在于：早期的探险家们利用其地理位置之便，将其作为前往南极的中转站；殖民地政府出于对帝国探险事业的支持，给予到访的探险家们一定的财政支持。20 世纪初，英国在捕鲸业的经济利益驱使下逐渐开始对南极大陆提出声索。1908 年的英皇制诰正式宣布对位于南大西洋的南乔治亚岛、南设得兰群岛、南奥克尼群岛、南桑威奇群岛以及格拉汉姆地拥有主权，并将其命名为马尔维纳斯群岛属地。① 其后，英国又于 1917 年颁布了新的英皇制诰，声索更大范围的南极海岸线，包括西经 20°至 50°，南纬 50°以南和西经 50°至 80°，南纬 58°以南的所有领土。② 这次提出的领土要求不但包含更多由其他国家发现的海岸线，还包括延伸至南极点的一大片尚未发现的南极内陆。③ 1917 年的英皇制诰是英国的领土主张从南大西洋和马尔维纳斯群岛延伸至南极大陆的重要举措，也是英国对南极大陆声索的开始。一战以后，英国开始认识到南极大陆周围丰富的生物资源和矿产资源，同时也意识到南大洋是连接澳大利亚、新西兰、南美和南非的贸易通道，对南大洋南部边界的控制可以护卫英帝国内部的联系，因此积极支持采取措施加强和扩展大英帝国的版图。1920 年，英国最终制定出控制整个南极的政策。

1920 年 2 月 6 日，英国殖民地部致电新西兰政府：英国出于捕鲸和战略目的的需要，意欲控制整个南极罗斯海。作为英联邦自治领，新西兰需要协助控制罗斯海海岸附近地区。④ 虽然英国的政策与新西兰的对外责任是相抵触的，但在二战以前新西兰并不寻求独立自主的对外政策，保持帝国内部的从属地位并服从于英国的政策更有利于实现新西兰的利益。因此，新西兰政府同意取得对罗斯海地区的控制权。

1921 年 2 月，新西兰、澳大利亚和英国代表在伦敦商定：澳

---

① Malcolm Templeton. A Wise Adventure: New Zealand in Antarctica, 1920-1960. Victoria University Press in Association With the New Zealand Institute of International Affairs, 2000: 16.

② Hugh Logan. Cold Commitment: the Development of New Zealand's Territorial Role in Antarctica, 1920-1960: a Thesis Presented for the Degree of Master of Arts in History in the University of Canterbury. Christchurch, 1979: 14.

③ 此处英国出于方便运用了"扇形原则"，然而此原则是否适用于南极是存疑的。

④ Hugh Logan. Cold Commitment: the Development of New Zealand's Territorial Role in Antarctica, 1920-1960: a Thesis Presented for the Degree of Master of Arts in History in the University of Canterbury. Christchurch, 1979: 5.

大利亚和新西兰各自的控制范围应以东经 160° 为界，以西为澳大利亚扇形，以东则为新西兰扇形。未占领地区的所有权一般由永久占领而产生，但这个先决条件在南极显然不可能实现。所以殖民地部在 1921 年 3 月的《控制南极备忘录》中制定的南极主权的法律依据是：主权可以是在发现的基础上进一步由控制手段的颁布和实施来确立。英国向新西兰提供了两种确立主权的方式，一种是依据《1895 年殖民边界法令》颁布一道枢密令，但需经过自治领议会冗长的审批程序；另一种是使用君主特权颁布英皇制诰。① 新西兰政府可以自行决定采用哪种方案来宣布罗斯海地区是英国的领地和新西兰的属地，但此后新西兰迟迟未颁布任何法令来确认对罗斯海地区的领土主权要求，直到捕鲸问题再度出现。

1922 年 6 月，挪威人拉森向英国提交了一项专营许可证申请，计划前往罗斯海捕鲸。② 这份申请相当于默认并支持英国在罗斯海地区的主权和领土主张。殖民地部将拉森的请求移交给新西兰政府，建议给予捕鲸许可证。新西兰政府于 1922 年 12 月 21 日颁布了许可证，其措辞清楚界定了英国的所有权存在于东经 160° 与西经 150° 之间的区域，同时规定挪威公司将在罗斯海或其附近的英属领海作业。通过颁布这一许可证，英国展示了其在这一地区的领土利益以及管理南极捕鲸业的决心。

拉森的申请让主权问题更为紧迫，因为捕鲸许可证的颁发具有一个假定的前提，即：罗斯海岸地区是未经宣布的英属领地。所以，当务之急是需要颁发英皇制诰来正式确立英国对该地区的控制。但是在 1922 年 7 月，殖民地部内部的法律意见书开始质疑这一程序。假如这一地区是未经宣布的英属领地的话，它似乎适合

---

① Hugh Logan. Cold Commitment: the Development of New Zealand's Territorial Role in Antarctica, 1920-1960: a Thesis Presented for the Degree of Master of Arts in History in the University of Canterbury. Christchurch, 1979: 24.

② 虽然罗斯海有种类及数量繁多的须鲸，但该地区气候十分恶劣，又缺少合适的锚地，捕鲸船只无法停泊，新西兰的海事处也不提倡在其次南极岛屿附近从事捕鲸活动，所以此前挪威和英国的捕鲸公司很少在罗斯海地区作业。但是拉森计划使用两艘装备有加工设备的捕鲸船、一艘支援船和十艘蒸汽捕鲸船，以巴雷尼群岛或南极大陆为泊地前往罗斯海捕鲸。

《1887年英国殖民地法案》第6款的定义：任何由非割让或非攻克而获得的或不在英国议会管辖之下的英国领土被定义为"英国殖民地"。该法案第3款将立法权委托给该领地内的3个或3个以上的人民，对此殖民地部想将立法权授予新西兰总督。上述这些问题被移交英国皇家法律官员们来解决，他们的答复是简短而模糊的：发现本身只能产生不完全的或者"尚未生效"的所有权，尽管如此，殖民地部宣称该地区是英属领地也是正确的。因此，最后的结论依然是这一地区是英国的"殖民地"。根据法案第2款，皇家特权可以将枢密院的职权委托给新西兰总督，通过这一做法可以使第3款无效。因此，正确的程序是依据英国殖民地法案颁布一道枢密令。后继的法律意见书认为，因为规避了第3款，所以"英国殖民地"这一定义是有问题的，因此声索的法律基础也是不牢靠的。①

　　1923年7月30日，殖民地部颁布枢密令，宣布罗斯海海岸和南纬60°以南，东经160°到西经150°之间毗连的岛屿和领土作为英国的领地，由新西兰总督代为行使管辖权。至此，罗斯属地正式形成。罗斯属地的创建是新西兰与南极联系的肇始，其建立类似于是英国强加于新西兰的领土责任，新西兰是以整个大英帝国的名义管理罗斯属地，并不专门是为了自治领的利益。实际上，此时的罗斯属地对于新西兰而言并不具有特别的价值，创建罗斯属地一事也没有在自治领内部引起太多关注。

第二节　新西兰在罗斯属地问题上立场的演变

一、罗斯属地创建后至《南极条约》签订前

　　罗斯属地创建后至二战以前，新西兰只是英国南极政策的执行

---

　　① Hugh Logan. Cold Commitment: the Development of New Zealand's Territorial Role in Antarctica, 1920-1960: a Thesis Presented for the Degree of Master of Arts in History in the University of Canterbury. Christchurch, 1979: 31-32.

者，仅仅发挥"橡皮图章"的作用。1926 年的帝国会议上，英国授意新西兰总理戈登·考斯特采取措施向罗斯属地以东地区扩张。然而，1927 年以后，南极国际政治日益复杂，美国和挪威对南极地区的不断介入导致英国主宰南极计划受挫，更使得新西兰在罗斯属地的地位复杂化：1928 年 11 月，理查德·伯德带领一支美国私人探险队驾驶飞机飞越了罗斯属地东部。1929 年，伯德命名、考察并声索了罗斯属地以东的大片领土，称其为玛丽伯德地。这次探险直接挑战了英国主权向罗斯属地以外地区延伸，并被认为是美国领土声索的前奏。此后，美国对南极主权声索举棋不定的态度逐渐发生了逆转；1926 年至 1930 年之间，挪威政府鼓励克里斯滕森捕鲸公司在罗斯属地和马尔维纳斯群岛属地之间作业，同时从事一系列兼具商业、科学调查和领土兼并性质的探险，更进一步授权其吞并包括有争议的布韦岛在内的罗斯属地东面领土。

1930 年至二战爆发前夕，南极领土声索冲突逐渐升级，阿根廷、法国、挪威、澳大利亚等国在南极的竞争进一步加剧：自 1904 年起，阿根廷就在南奥克尼群岛建有一个气象站，并在 1927 年知会国际邮政局其在马尔维纳斯群岛的权利，挑战英国在该地区的领土要求；澳大利亚于 1933 年对除法国属地之外的罗斯属地与东经 45°之间领土正式提出声索。这其中也包括挪威感兴趣的地区，由此引起挪威的不满；法国对阿德利地的声索从之前的限定其沿岸转变为对东经 136°到 142°之间扇形的声索。①

二战爆发前夕，各国在南极的争夺又出现新的情况：1938 年，法国和英联邦国家签订飞行权利互惠条约，承认现存声索的合法性，并分配了南极领空的法律权利；德国和日本在南极水域增加了捕鲸舰队的数量，并且不愿遵守 1931 年国际捕鲸公约中对减少捕获量的规定；1938 年 11 月，希特勒决定派遣"土瓦本号"舰船在澳大利亚南极属地和马尔维纳斯群岛属地之间的地区活动。其舰载机进行了航空测绘，并在挪威船"挪威号"此前探测过的地区投下了

---

① Klaus Dodds. Geopolitics in Antarctica: views from the Southern Oceanic Rim. University of Cambridge, 1997: 162-163.

地标。针对德国的探险活动，挪威于1939年1月颁布公告，宣布挪威的领土扇形位于东经45°到20°之间，但未明确其扇形的南北界限。此后，英国、挪威和澳大利亚相互承认了各自的南极边界。① 美国也对南极地区的关注度日益提高。1938年，罗斯福总统命令重新审视美国的南极政策，并授意林肯·埃尔斯沃斯等探险家：个人代表美国提出声索比较合适。新西兰政府对这些罗斯属地之外的国际纷争持缄默的态度。所以，这一阶段官方对罗斯属地的关注不多，甚至在正常的管理方面都很少有所行动。

二战的爆发影响了南极的国际政治与新西兰在南大洋的活动。战时多数声索国和美国正忙于欧洲和远东的战争，无暇顾及南极地区。而德国海军在南极和南大洋动作频频：击沉盟军的船舶，在澳大利亚和新西兰的港口布雷，捕获挪威的捕鲸船队，将凯尔盖朗岛作为其在南大洋的行动基地。② 此前，新西兰主要强调南极和南大洋的资源管理，在领土问题上持中立的态度。但德国海军的一系列活动促使新西兰对南大洋海上航线的地缘政治价值进行更加明确的评估，并转而强调资源权利和领土占领。1941年，新西兰在奥克兰和坎贝尔岛群上建立了观察哨，以防其被德国军队占领。

二战结束后，世界非殖民化进程迅猛发展，民族独立运动高涨。在此背景下，新西兰的独立意识增强，开始奉行独立自主的政策，并开始关注本国在南极的利益。战后一段时期，罗斯属地对新西兰而言只是一个无足轻重的议题，同时又受限于科学投入的巨大成本，新西兰政府在罗斯属地问题上没有明确的立场和态度。一方面，1955—1958年新西兰参与了英联邦横越南极远征活动。英联邦的这一远征行动借"科学考察"之名，在南美和其他国家领土竞争的情况下，旨在促进英联邦国家的领土主权要求，提高国际政治、科学合作和国家声望。另一方面，彼得·弗雷泽和沃特·纳什

① Klaus Dodds. Geopolitics in Antarctica: views from the Southern Oceanic Rim. University of Cambridge, 1997: 163.

② Malcolm Templeton. A Wise Adventure: New Zealand in Antarctica, 1920-1960. Victoria University Press in Association with the New Zealand Institute of International Affairs, 2000: 76.

等新西兰的政治领袖则认为南极应远离领土主权纷争，并交由联合国管理。1956 年，纳什总理提出南极应成为一个在联合国管理下的"世界领土"。1957 年，新西兰政府再度建议南极应成为"世界公园"。这种主张南极"国际化"的观点也是南极国际政治大环境的反映。冷战开始之后，英国、阿根廷、智利关于南极半岛及周围岛屿归属权的纷争在不断加剧。美国对南极的态度被两组关系所左右：其一是与英国的"特殊盟国关系"，其二是以《泛美互助条约》为纽带的与拉美国家之间的军事同盟，所以美国从积极推动自身领土主张转向考虑构建一种新的国际体系来管理南极事务，英国倾向于以现存声索国为基础由多国共同管理。新西兰政府受英国的影响，在赞成国际化的同时，也反对交由联合国来解决。①

1957 年 7 月至 1958 年 12 月的国际地球物理年期间，67 个国家的 1 万多名科学家在两极地区进行了地球物理、大气物理、地质、矿产、地理、生物等多学科的科学考察和国际合作。12 个国家在南极大陆建成了 40 多个常年考察站，在南极大陆周边岛屿建成了 20 个常年站，此外还建有仅供夏季考察的度夏站。新西兰也于 1957 年参与英国横越南极远征时在罗斯属地建成一个接待站点，后于 1959 年成为永久科研基地斯考特站。二战以后各殖民地掀起民族独立运动浪潮，英国急于处理与主权相关的法律纰漏，这其中就包括《1887 年英国殖民地法案》。在这一法案基础上颁布的创建罗斯属地的枢密令因为规避了第 3 款，所以在法律基础上存在漏洞，并且引起了广泛的争议。因此，1945 年 9 月，英国殖民地部向新西兰政府问及是否需要颁布新的枢密令，由此引发了对罗斯属地法律地位的重新审视。② 新西兰政府认为采取措施加强声索的有效途径是在罗斯属地建立至少一个永久站点。因此，建立斯考特站固然有科学研究的目的，但更重要的是为了弥补新西兰对罗斯属地

① Klaus Dodds. Geopolitics in Antarctica: views from the Southern Oceanic Rim. University of Cambridge, 1997: 165.

② Hugh Logan. Cold Commitment: the Development of New Zealand's Territorial Role in Antarctica, 1920-1960: a thesis presented for the degree of Master of Arts in History in the University of Canterbury. Christchurch, 1979: 94.

法律所有权的不充分，加强新西兰对罗斯属地的领土主权要求。

二、新西兰的主张与《南极条约》的签订

在 1959 年华盛顿会议召开之前，新西兰外交部及新西兰南极协会①等民间团体都对纳什总理提出的"南极国际化"的构想持批判立场，并向总理施压迫使其保持对罗斯属地的声索。

1959 年 10 月 15 日至 12 月 1 日，美国、阿根廷、澳大利亚、比利时、智利、法国、日本、挪威、新西兰、南非、苏联、英国等12 国在华盛顿举行会议协商解决南极问题。华盛顿会议上，新西兰是唯一一个愿意考虑放弃领土主权要求的国家，其官方对于南极大陆领土主权纷争以及罗斯属地的主张有以下几点：

第一，解决领土争端的唯一方案是一个放弃国家权利和领土主张的协议。具体而言是：声索国放弃本国的领土主张，然后在此基础上建立一个南极国际管理体系。只有各方放弃声索，该体系才能实现完全有效的协调和管理各国的南极活动，确保南极地区的永久中立，有序、合理、公平地解决南极资源的最终利用问题。② 但在现阶段暂时无法实现上述目标，因此为了确保各国在南极的和平合作不受纠纷的影响，新西兰将接受一个"冻结"现存法律现状的较为简单的体系。③

第二，如果各方就建立一个更广泛的南极国际体系达成一致的话，新西兰就会考虑放弃本国在南极的权利和对南极的领土主权要求；但放弃领土主张并不意味着新西兰在任何方面质疑自身对罗斯

---

① 新西兰南极协会是成立于 1933 年的私人组织，其主要目标是：促进新西兰内部对南极的兴趣；鼓励他国的探险队经过新西兰；支持建立新西兰南极研究项目。该协会拥有《南极新闻简报》和《今日南极》等出版物，并致力于提升一种观念，即新西兰对南极地区负有特殊的责任，呼吁在罗斯属地上建立有效、永久的占领。该协会所作的努力有效地提升了新西兰公众对于南极地区的兴趣和关注。

② Historical Office. Bureau of Public Affairs. The Conference on Antarctica. U. S. Government Printing Office, 1960：11.

③ Historical Office. Bureau of Public Affairs. The Conference on Antarctica. U. S. Government Printing Office, 1960：12.

属地所有权的有效性，也不意味着新西兰不愿继续承担其对罗斯属地管理的责任。① 但如果美国提出领土主张或建立一个国际体系的提议失败，新西兰将保留对罗斯属地的领土主张。

1959 年 12 月 1 日，12 国最终签订了《南极条约》，确立了南极地区的法律地位，即：暂时"冻结"各国的领土主张、用于自由科考与国际合作、非军事化。该条约用冻结各国利益诉求、搁置政治争议的方式暂时性地解决了南极领土纷争的问题，缓和了南极地区的国家冲突，保证了科学考察和国际合作的永续开展。从政治层面看，《南极条约》的签订对新西兰是有利的。条约对南极法律地位的"冻结"使新西兰既保留了对罗斯属地的领土主权要求，又无需论证其正当性，也不必将巨额经费开支投资在南极项目上，并能够依靠条约体系保护其在罗斯属地的权利。

第三节　新西兰维护罗斯属地领土主权的举措及表现

从 20 世纪 90 年代中期以后，新西兰在领土主权问题上逐渐表现出强硬立场，并通过发布官方战略利益声明、加强南极活动及实质性存在等方式来巩固、支撑对罗斯属地的领土主权要求。

一、南极战略利益声明

从 20 世纪 90 年代中期发布第一个战略目标之后，新西兰历届政府都公开宣称并强硬地维护其在罗斯属地的战略利益，并通过科学考察和商业活动监管等，行使及合法化其领土主张。

1995 年和 2002 年国家党和工党政府分别发布的两份战略利益声明继续承认和宣示新西兰在罗斯海地区的利益：1995 年，国家党政府通过的新西兰在南极的《战略目标声明》中第一点即声明：

---

① Historical Office. Bureau of Public Affairs. The Conference on Antarctica. U. S. Government Printing Office，1960：10.

"维护新西兰在罗斯属地的长期利益及承诺"①；2002 年工党政府修订并发布了新的《新西兰南极战略利益声明》，这一份纲领性文件一直沿用至今。它所声明的 7 点内容集中体现了新西兰在南极，尤其是在罗斯海地区的战略利益。其中第二点内容是"维护其在罗斯属地的长期利益、承诺和可靠的存在"②。虽然上述两份文件分别是由两个不同政党制定通过的，但都非常明显地强调维护新西兰在罗斯属地的存在。

此外，官方网站都无一例外地公开宣称新西兰对罗斯属地的主权从未改变。新西兰外交与外贸部是最重要的南极政策制定和决策机构之一，其官方网站上开宗明义地宣称："自 1923 年以来，新西兰一直保持对罗斯属地(也即南纬 60°以南，东经 160°到西经 150°之间所有的岛屿和领土)的主权。罗斯属地在宪法上是新西兰的一部分。"③在行政管理方面，新西兰每年任命罗斯属地的政府官员代表政府行政机关来执行管理工作。罗斯属地的官员也是斯考特站的高级职员。"他们有权在罗斯属地采取所有必要或权宜的措施，来执行法律和现行的法规"④。在法律体系方面，新西兰本土法律的适用范围延伸至罗斯属地。例如，新西兰的民法也适用于罗斯属地的民事行为；根据 1977 年的新西兰公民法，任何出生在罗斯属地的公民都是新西兰公民。在新西兰法律中具体规定了罗斯属地领海

①　Debs Martin. "We Run The Ice": A Critical Geopolitical Gaze on New Zealand's Relationship with the Ross Sea Region, Antarctica: a Thesis Submitted in Partial Fulfilment of the Requirements for the Degree of Master of Arts in Geography at the University of Canterbury. University of Canterbury, 2003: 212.

②　New Zealand Ministry of Foreign Affairs & Trade. "New Zealand's Strategic Interests in Antarctica". 2002 Revised New Zealand Statement of Strategic Interest, http://www.mfat.govt.nz/Foreign-Relations/Antarctica/1-New-Zealand-and-Antarctica/1-NZ-Strategy-in-Antarctic.php.

③　New Zealand Ministry of Foreign Affairs & Trade. "New Zealand and Antarctica". http://www.mfat.govt.nz/Foreign-Relations/Antarctica/1-New-Zealand-and-Antarctica/index.php.

④　New Zealand Ministry of Foreign Affairs & Trade. "The Ross Dependency". http://www.mfat.govt.nz/Foreign-Relations/Antarctica/1-New-Zealand-and-Antarctica/2-The-Ross-Dependency.php.

之外建立专属经济区的事宜。①

从上述官方对罗斯属地主权、管理以及法律系统的规定都可以看出来新西兰的领土主张和签订《南极条约》之前是一样的。官方也明确宣称，在《南极条约》签订之后，新西兰没有义务放弃自己的权利或主张。新西兰对罗斯属地的主张虽然是被冻结的，却是不可置疑的。但在实际从事南极活动时，官方使用"罗斯海地区"来代替"罗斯属地"这个措辞，用以模糊并避免主权争议。②

二、南极科学活动

自从 1996 年成立以来，新西兰南极局一共制定和发布了三份名为《新西兰南极和南大洋科学》的科学战略。2012 年 4 月发布的最新的科学战略中规定了 2010—2020 年新西兰南极科学研究的方向和优先发展的三大领域：气候、生态系统、海洋系统。其中明确规定，新西兰的南极研究虽然不排除其他地区的研究，但主要集中在罗斯海地区的陆地、海岸和海洋，③ 并再次重申"新西兰在罗斯海地区有重要的利益"④。2008 年，与南极活动相关的主要政府机构总结了新西兰在南极的核心战略科学利益，包括：调查研究全球气候变化进程、调查南极生物安全及南极生物资源勘探等问题，探索海洋环境中生物多样性的问题，管理南极海洋资源，处理好人类对南极的影响关系。但其中最重要的战略科学利益是，

---

① New Zealand Ministry of Foreign Affairs & Trade. "The Ross Dependency". http：//www. mfat. govt. nz/Foreign-Relations/Antarctica/1-New-Zealand-and-Antarctica/2-The-Ross-Dependency. php.

② 新西兰南极局首席执行官 Lou Sanson 于 2003 年 2 月接受访问时说："我总是提到罗斯海地区，我不提罗斯属地。新西兰对罗斯属地是有领土要求的，但是依然是被冻结的。我想如果我一直到处谈论罗斯属地，会令在该地区工作的其他国家感到不安。"

③ New Zealand Government. New Zealand Antarctic & Southern Ocean Science, directions and priorities 2010-2020, 2012：8.

④ New Zealand Government. New Zealand Antarctic & Southern Ocean Science, directions and priorities 2010-2020, 2012：8.

关注罗斯海地区。① 因此，新西兰的南极科学战略利益和南极科学活动集中在罗斯海地区。

新西兰的南极活动包括后勤、教育、旅游项目等，但大多数还是新西兰南极局科学战略中制定的野外工作和科学活动。支持和领导高品质的南极与南大洋科学可以保护和理解生物多样性、养护和可持续管理海洋生物资源、倡导环境整治；最重要的是，可以维护新西兰在南极的"可靠的存在"。南极科学活动的意义在于，通过从事高品质的科学，取得南极科学方面的领先地位，成为"南极条约体系"内和全球范围内在科学领域重要的角色，加强新西兰在南极"可靠的存在"从而维护其在罗斯属地的利益。正如官方所说的：自从 1957 年斯考特科考站建立以后，新西兰就开始在南极从事科学活动。此后的 50 多年以来，新西兰南极研究项目通过提供在罗斯属地的"可靠的存在"来巩固、支撑新西兰的南极利益。②

三、历史文化活动

在南极探险的"英雄时代"，斯科特和沙克尔顿等早期的探险家们都以新西兰作为进出南极的"门户"③，确切地说，是从新西兰前往浮冰较少且最容易接近南极大陆的罗斯海，再从罗斯海开始探索南极的征程，最后又返回新西兰。这些探险的历史自然也成为新西兰历史和文化遗产的一部分。新西兰通过文物修复和维护、南极旅游、邮政服务等历史文化活动来加强与罗斯海地区的联系，增强新西兰人的南极意识，通过使他们认识到南极是新西兰历史和文化遗产的一部分来增强主权意识，维护领土利益。

新西兰政府非常积极地维护和修复早期探险家们在罗斯海地区

---

① Anne-Marie Brady edited. The Emerging Politics of Antarctica. Oxon：Routledge, 2013：155.

② New Zealand Government. New Zealand Antarctic & Southern Ocean Science, directions and priorities 2010-2020, 2012：2.

③ New Zealand Ministry of Foreign Affairs & Trade. "New Zealand and Antarctica". http：//www.mfat.govt.nz/Foreign-Relations/Antarctica/1-New-Zealand-and-Antarctica/index.php.

留下的文物遗产，这项工作主要由南极遗产信托机构来负责。2011年至2012年，该机构的"罗斯海遗产修复计划"维修了4个遗址和大量与最早的探险家们有关系的手工艺品。①

新西兰的南极旅游项目分两部分，一是罗斯属地的海上旅游，体验南极的自然环境和极端气候，参观游览早期探险家们的临时营房。二是本土的南极体验，例如位于基督城的国际南极中心、坎特伯雷博物馆的南极展览等。

新西兰南极局设立了一系列长期的艺术与媒体项目，资助记者和艺术家到访南极。② 例如媒体计划方案每年夏季遴选一批媒体记者前往南极报道新西兰的科学与环境新闻；国际极地年媒体学者每年从坎特伯雷大学新闻学研究生中挑选一名学生在斯考特站进行为期六周以内的实地体验，采访报道科学、环境和其他一些情况；邀请的艺术家们项目是每季遴选最多三位杰出和资深的艺术家去斯考特站旅游，通过他们的艺术作品宣传南极的历史、科学和环境。媒体人士和艺术家们的新闻报道和艺术作品在宣传南极的科学、环境和历史的同时，也将南极的概念植入新西兰的文化当中。③

此外，新西兰还通过发行罗斯属地的邮票来宣示领土主权。早在20世纪初期斯考特和沙克尔顿南极探险的年代，新西兰就开始发行纪念邮票，并于1957年、1994年、2012年、2013年以罗斯属地地图，海豹、帝企鹅、蓝鲸、南极磷虾等动物和冰架、火山等景观为主题，迄今共四次发行罗斯属地的邮票。

四、军队的使用

新西兰的国防军在罗斯海地区主要用于两个方面：一是使用军用飞机提供通信、空中支援等后勤保障，以帮助新西兰南极局南极作业的日常运转；二是调度海军、空军来监控罗斯海的非法捕鱼。

南极局与国防军有长期、成功的合作关系，国防军对南极的科

---

① Antarctica New Zealand. Annual Report 2011-2012, 2012：13.
② 艺术与媒体项目始于1956年横越南极远征活动期间，一直延续至今。
③ New Zealand Government. Antarctica New Zealand Profile.

考工作作出了重大贡献。2011 年夏季，新西兰皇家空军派遣了 4
架 B757 军用飞机到麦克默多海峡，这 4 架飞机主要用于运载游客
和支持后勤保障。①

1999 年，新西兰首次使用皇家舰队旗下的巡防舰、皇家空军，
巡视监控南纬 60° 至 74° 之间区域的非法捕鱼活动。② 此后继续调
度军队来监控渔业。

使用军队来提供后勤保障一方面是出于民用的目的和经济成本
的选择；另一方面，军队作为一个主权国家的标识，其在罗斯属地
的存在与作业也具有宣示主权的意涵。

五、南极存在

斯考特站建成于 1957 年 1 月 20 日，是南极大陆最早运营的站
点之一，其后又在 1976 年至 1977 年和 2005 年至 2007 年间分别进
行过重建和维修。其建立的初衷是为了支持英联邦横越南极远征活
动，1959 年成为科学研究的永久站则是为了加强新西兰的南极存
在进而加强对罗斯属地的领土主张。

斯考特站拥有 8 个由钢板建造，并衬有聚氨酯泡沫的现代化建
筑。所有建筑物的外观都被漆成绿色，其寓意为"绿色斯考特"，
也即环境保护的理念。近年来，为减少人类活动对于南极环境的影
响，新西兰将斯考特站所有的垃圾都进行了细致的分类整理。金
属、塑料和电池等可以回收再利用的废弃物都会被运回新西兰；食
物垃圾、纸类和未处理的废木料都用高温焚化炉烧毁。③

斯考特站最多可容纳 85 个人以及与南极生存至关重要的住房
安全、后勤设备，同时也具备专门的实验场所、电脑网络和卫星通

---

① Antarctica New Zealand. Annual Report 2011-2012, 2012: 7.

② Debs Martin. "We Run The Ice": A Critical Geopolitical Gaze on New
Zealand's Relationship with the Ross Sea Region, Antarctica: a Thesis Submitted in
Partial Fulfilment of the Requirements for the Degree of Master of Arts in Geography
at the University of Canterbury. University of Canterbury, 2003: 53.

③ Anne-Marie Brady edited. The Emerging Politics of Antarctica. Routledge,
2013: 154.

信链路、工程和机械车间，并设有一个停放物资、运载工具和野外设备的中心。① 其 8 个建筑物之间都由走廊或者通道连接，方便不同部门的科考人员们在内部自由活动；然而一旦发生火灾，各建筑之间则可以及时、完全地封闭，避免火势蔓延。这些建筑物都是腾空而建，以便积雪可以从底部被风带走。此外，斯考特站内部装饰均选用白色和绿色与外部环境相配合，其整体氛围和生活环境既温暖、舒适又轻松、环保。实际上，斯考特站已成为一个粗具规模的小城镇。从这个角度看，除了从事科学研究，建立科考站的用意还在于增强本国在南极的实质性存在。

第四节　小　　结

20 世纪 20 年代，英国出于经济利益和战略扩张的考虑，根据《1887 年英国殖民地法案》创建了罗斯属地，并将其行政管理权交给具有地理之便的新西兰。面对这一类似于强加的领土责任，在此后相当长的一段时期内，新西兰在罗斯属地问题上无所作为，政府没有采取任何措施加强对罗斯属地的管理和控制。二战之后，随着独立国家意识的觉醒，新西兰日益关注本国在南极的利益，并在 1957 年参加国际地球物理年和英联邦横越南极远征活动期间，在罗斯属地建成了斯考特站，以此来加强其南极存在和对罗斯属地的领土主权要求。及至 1959 年《南极条约》签订之时暨华盛顿会议召开期间，新西兰力主南极"国际化"，同时愿意考虑放弃对罗斯属地的领土主张。在接受《南极条约》"冻结"领土主权纷争的安排之后，主权问题逐渐让位于南极环境保护和资源管理等议题。然而从 90 年代中期以后，新西兰在领土主权问题上开始出现强硬立场，主要通过发布战略利益声明、科学考察活动、历史文化活动、调度军队支持后勤和监管商业活动等方式来行使并合法化其领土主张，维护其在罗斯属地的领土利益。

---

① New Zealand Government. Antarctica New Zealand Profile.

第二章　新西兰的南极政策
与中新南极合作

2014 年 11 月 20 日，在习近平主席访问新西兰之际，中新两国发表联合声明，决定将"全面合作关系"提升为"全面战略伙伴关系"，并在声明中特别强调扩大两国的南极合作。① 同一天，两国签署《中新两国政府关于南极合作的安排》，声明双方将积极推动建立长期、稳定的双边合作机制，定期召开联委会会议，进一步加强在南极科学研究、环境保护、后勤支持以及南极事务等领域的合作，为共同应对全球气候变化对南极的威胁、提升南极科考和后勤保障能力、和平利用南极作出贡献。② 习主席的访问及南极合作安排的签订都显示出中国政府对中新关系和中新南极领域合作的高度重视。

新西兰是南太领军国家，和中国虽不接壤，但跨海毗邻、交往久远，是中国大周边外交的一部分；南太平洋则是共建 21 世纪海上丝绸之路战略构想的自然延伸。政治体间的合作具有"扩散"效应，一个领域的合作活动和机制会"溢出"到其他相关部门，③ 所以南极合作的拓展和深化将有利于全面战略伙伴关系的建设。放眼

---

① 新华网：《中华人民共和国和新西兰关于建立全面战略伙伴关系的联合声明》2014 年 11 月 20 日，http：//news. xinhuanet. com/world/2014-11/20/c_1113340239. htm。

② 国家海洋局：《在两国领导人共同见证下，中新签订政府间南极合作协议》2014 年 11 月 20 日，http：//www. soa. gov. cn/xw/hyyw _ 90/201411/t20141120_34140. html。

③ 张植荣、王俊峰：《两岸共同市场：理论与实践分析》，《国际政治研究》2012 年第 2 期，第 20 页。

未来，中新南极合作是我国大周边外交，乃至海上丝绸之路战略构想的组成部分，其重要性不言自明。在建设极地强国的时代背景下，研究新西兰等南极"标杆"国家的政策既是我国制定长远战略和具体政策的参考蓝本，也是进一步落实习主席访新成果，加强两国南极合作的重要前提。目前学术界尚无关于这一问题的研究，有鉴于此，本书拟探讨新西兰的南极国家利益及其实现途径以及新形势下的中新南极合作。

第一节　新西兰的南极国家利益与目标

新西兰政府分别于 1995 年和 2002 年发布了两份南极战略，对本国南极利益及目标作出了明确的阐述。1995 年国家党政府发布了《战略目标声明》(*Statement of Strategic Objective*)，其五点内容集中陈述了新西兰在南极的国家利益及目标①；2002 年工党政府修订并发布了新的《新西兰南极战略利益》(*New Zealand's Strategic Interests in Antarctica*)②，这份沿用至今的纲领性文件声明了新西兰在南极拥有的战略利益及实现途径。综合两份声明来看，官方对南极利益的表述如下：维护其在罗斯属地的长期利益以及对罗斯属地的承诺和可靠性的存在；保持南极的和平与无核化状态；依照《南极海洋生物资源养护公约》和《关于环境保护的南极条约议定书》(《环境议定书》)的规定，养护并可持续地管理南大洋，尤其是罗斯海的海洋生物资源，在此基础上提高可持续的经济效益；保护南极与南大洋的固有价值(intrinsic values)和荒野价值(wilderness values)。简而言之，新西兰在南极和南大洋的国家利益体现在主权、环境、安全和商业等几人方面。

---

①　Ministry of Foreign Affairs and Trade. New Zealand and Antarctica, Wellington：Ministry of Foreign Affairs and Trade of New Zealand，1996：12.

②　New Zealand Ministry of Foreign Affairs & Trade. "New Zealand's strategic interests in Antarctica". http：//www. mfat. govt. nz/Foreign-Relations/Antarctica/1-New-Zealand-and-Antarctica/1-NZ-Strategy-in-Antarctic. php.

一、主权权益

(一)南极大陆领土主权要求

新西兰的南极罗斯属地最初由英国在 1923 年创立,其范围包括南纬 60°以南,东经 160°至西经 150°之间所有的岛屿和领土,总面积为 45 万平方公里;英国将行政管理权移交新西兰,希望其协助实现"吞并南极"的帝国南极政策。罗斯属地建立后至华盛顿会议前,新西兰政府没有实力也没有意愿采取措施加强对罗斯属地的管理和控制。

在 1959 年解决南极领土争端问题的华盛顿会议上,新西兰是七个领土要求国中唯一一个愿意考虑放弃领土主权要求的国家。其官方主张声索国放弃本国的领土主张,然后在此基础上建立一个南极国际管理体系。如果现阶段暂时无法实现这一目标,新西兰将接受一个"冻结"现存法律现状的较为简单的体系。①

《南极条约》用"冻结"各国利益诉求的方式暂时性地解决了领土纷争的问题,缓和了南极地区的国家冲突,保证了科学考察和国际合作的永续开展。"冻结"原则对新西兰是有利的:使其既保留了对罗斯属地的领土主权要求,同时又无需投资巨额经费开展用以维护罗斯属地主权的南极项目。自条约签订后,新西兰在领土问题上一直很谨慎,尽量避免采取与南极条约体系相悖的过于明显的强势行为。②

(二)南极海域海洋主权要求

20 世纪 70 年代中期以后,世界范围内的人口膨胀与能源危机、资源短缺的问题开始凸显,蕴藏丰富能源和矿产资源的南极地区重新成为多国争夺的焦点;与此同时,随着气候变暖、南极冰层融化,开发和利用南极大陆及南极海域自然资源的问题已经具有技

---

① Historical Office. Bureau of Public Affairs. The Conference on Antarctica. U. S. Government Printing Office, 1960: 12.

② Stuart Prior. Antarctica: View from a Gateway. Victoria University of Wellington, 1997: 10.

术层面的可行性。因此，七个主权要求国在巨大经济利益的驱动下，利用《南极条约》对南极海域法律地位的模糊规定①以及《海洋法公约》赋予沿海国更宽泛海洋主权权利的契机，以国内立法、政府声明等形式，对依据其"南极领土"而延伸的南极海域提出主权要求。

目前，新西兰基于罗斯属地，已明确提出了"领海""毗连区"的主权声明。② 2006 年，新西兰向联合国大陆架界限委员会（Commission on the Limits of the Continental Shelf）申请接管位于其领土附近大陆架上、专属经济区以外 170 万平方公里的海床。虽然该申请不包括罗斯属地的数据，但新西兰政府声明保留未来也对罗斯属地附属南极海域海床提出主权要求的权利。③ "南极条约区域"内的海域主权要求缺乏基本的法律和政治基础，因此是非法和无效的。④ 包括新西兰在内的主权要求国对南极大陆附属海域提出主权要求的用意是想借此来强化和显示其南极领土主张国的地位。

二、环境利益

南极的环境与气候变化对新西兰本土影响甚巨：南极的臭氧空洞有可能在未来从南极大陆向外扩展，进而覆盖整个新西兰；南极冰层、冰架和冰川的面积为 1400 万平方公里，一旦因气候变暖而断裂融化，那么全世界的海平面将会上升 60 米,⑤ 新西兰将会首当其冲地受到影响；南极气候与环境变化也会对南大洋的生态系统

---

① 《南极条约》只"暂时冻结"各国对南极大陆领土主权要求，并没有就诸如南极大陆架、南极海域划分等权利予以界定。

② Christopher C. Joyner. "The Antarctic Treaty and the law of the sea: fifty years on". Polar Record, 2010(1): 15.

③ Anne-Marie Brady. "New Zealand's Antarctica". Anne-Marie Brady edited, The Emerging Politics of Antarctica. Routledge, 2013: 150.

④ 详细的法律论证参见陈力：《论南极海域的法律地位》，《复旦学报（社会科学版）》2014 年第 5 期。

⑤ Neville Peat. Antarctic Partners: 50 Years of New Zealand and United States Cooperation in Antarctica, 1957-2007. Ministry of Foreign Affairs and Trade in Association with Phantom House Books, 2007: 22.

产生直接、迅速的影响，从而影响新西兰在南大洋的渔业等经济利益。因此，新西兰从战略和安全的高度关注和重视南极环境及保护问题。

三、安全利益

"非军事化"是《南极条约》的核心条款和基本原则，但在现实实践中，南极地区非军事化面临来自几方面的挑战。首先，《南极条约》的相关规定存在法律漏洞：第一，条约第一条第一款规定南极只用于和平目的。禁止一切具有军事性质的措施，第二款却规定"不禁止为了科学研究或任何其他和平目的而使用军事人员或军事设备"。这两个条款的同时存在为一些国家在南极地区的军事存在和一些带有军事意义的科学研究项目提供了依据。第二，《南极条约》对适用范围的模糊规定为军事活动提供了可辩解的空间。第六条规定"本条约的规定不应损害或在任何方面影响任何一个国家在该地区内根据国际法所享有的对公海的权利或行使这些权利"。这样的规定相当于认可南纬 60° 以南的公海可以不受非军事化的约束。① 其次，《南极条约》只是冻结了领土主权要求，并没有从根本上解决主权纷争的问题；与此同时，随着南极大陆及其附近海域大量矿产资源的发现和勘探，资源问题又重新凸显。因此，悬而未决的主权问题和资源开发的隐患及其引发的军事活动和军事存在对南极地区也构成了潜在的军事威胁。

上述潜在的威胁影响着新西兰的国家安全及南大洋的地区和平，因此新西兰需要采取措施巩固南极非军事化，确保南极不会成为矛盾或冲突的根源。

四、商业利益

新西兰每年从南极获得 1.61 亿新西兰元的经济收益；南极活

---

① 石伟华、郭培清：《过热的南极——南极非军事化面临挑战》，《海洋世界》2008 年第 7 期，第 76 页。

动对坎特伯雷地区的经济贡献大约是每年 1.03 亿新西兰元。① 这些商业利益体现在南大洋渔业、南极旅游、南极服务、南极教育等四方面。

从 20 世纪 90 年代中期开始，以渔业和旅游业为代表的商业活动逐渐扩大并迅速发展。1996 年，罗斯海出现了第一艘捕捞南极犬牙鱼的新西兰渔船。此后，南大洋渔业逐渐扩大，新西兰政府每年从罗斯海渔业中获利 2000 万至 3000 万新西兰元。基督城等新西兰"南极门户城市"为本国或他国的科学项目、渔业、旅游业、生物勘探或其他产业在南极作业提供后勤、供应、运营、承包或其他支持性的服务。南极服务可以为基督城当地经济贡献数百万美元的收益，因此官方相当重视并大力支持和推广这一项经济活动。② 南极教育主要指为专业人士或学生提供专门的南极研究课程、开设研修班、讲习班等。③ 目前，南极教育虽然在新西兰整个教育市场所占份额不大，但呈现上升势头，因此也可以称之为商业活动。

新西兰在南极的核心利益始终围绕着主权、环境、安全、商业等几个方面，但不同时期的优先性和重要性有所不同。1959 年《南极条约》签订以前，领土主权一直都是新西兰优先考虑的议题。20 世纪 70 年代中后期以后，南极主权争夺从南极大陆领土主权转向了南极海域。《南极条约》签订以后，科学考察成为南极活动的主要内容。科学研究的不断进步加深了人们对南极独特而脆弱的环境与生态的认识，同时，随着 70 年代以后环保意识的日渐高涨，环境保护演变成为南极问题的核心内容。在此背景下，新西兰逐渐开

---

① Scoop News. "Korean Antarctic Programme opens office in Christchurch". http://www.scoop.co.nz/stories/SC1411/S00006/korean-antarctic-programme-opens-office-in-christchurch.htm.

② Lorne K. Kriwoken. Julia. Jabour, Alan D. Hemmings, edited, Looking South: Australia's Antarctic Agenda. Federation Press, 2007: 181.

③ 新西兰最具代表性的"南极教育"是坎特伯雷大学南极研究中心(Gateway Antarctica)与新西兰南极局合作开设的全世界唯一的南极学研究生文凭(The Postgraduate Certificate in Antarctic Studies)。该课程的国际学生学费人均 28480 新西兰元(人民币 147235 元)、本国学生人均 8216 新西兰元(人民币 42475 元)。

始重视南极环境保护与治理，目前已是南极条约成员国中在南极环境保护方面处于领先地位的国家。随着《环境议定书》的签订及生效，环境保护在新西兰南极国家利益中的优先性逐渐显现。安全利益的重要性则因《南极条约》所作出的"非军事化""和平利用"等承诺的有效执行而有所下降。90 年代后期，以渔业、旅游业为主的商业利益开始显现，其重要性也在逐渐上升。

第二节　新西兰实现南极国家利益的政策实践

新西兰实现和维护南极国家利益的政策实践紧紧围绕着支持科学研究、重视环境保护、维护南极和平、开展国际合作、扩大南极宣教这五项活动展开。

一、支持南极科学研究，提高"话语权"和影响力

自 1959 年《南极条约》规定南极用于"和平和科学"的目的之后，南极科研能力就成为"话语权"、影响力和维护本国利益的关键支撑。因此，南极科学是《南极条约》各缔约国制定南极政策的基础。新西兰的南极科研水平居于世界领先地位，南极科学是新西兰南极政策的优先方向，主要体现在三个方面：

第一，政府统筹规划、统一安排南极科研项目和议程。内阁首先确定南极科学战略，然后再由新西兰南极研究院(New Zealand Antarctic Research Institute)①制订具体的科学研究计划，同时根据每项科研项目的预算金额提供资金支持；新西兰南极局(Antarctica New Zealand)则为每项科研项目提供后勤支持，包括安排运输物资和人员的直升机使用、为赴南极的研究人员提供全套装备。②

―――――――

① 新西兰南极研究院是一个由新西兰南极局成立并受其管理的慈善信托机构。其成立初衷是为了弥补新西兰国内南极科学资金的不足，引进国际资金从事新西兰政府的南极科学项目研究。

② 由作者在 2013 年 8 月 23 日对新西兰南极局官员 Neil Gilbert 的访问内容整理而成。

政府每五年发布一份《新西兰南极和南大洋科学》(*New Zealand Antarctic & Southern Ocean Science*)的科学战略，规定南极科学研究的方向和优先发展的科学领域，以便最有效地利用资源，优先开展与新西兰南极国家利益最相关的科学项目。此外，该文件也会不断更新、相继补充在其设定年限内出现的新议题和新领域。南极研究科学委员会(SCAR)制定的相关方向或在国际极地年(IPY)期间提出的新的研究倡议都将会被补充到核心研究议程中。①

第二，政府对南极科学研究项目给予特别的资金支持，科研资金投入力度大。2008年全球经济危机、2010年和2011年两次大地震对新西兰经济造成了严重影响，政府削减了各项活动的财政预算，相应地也减少了新西兰南极局的预算，但并没有因此而取消其南极规划的预算。2009年，新西兰所有南极活动的总预算大约为2100万新西兰元，其中新西兰南极局的预算金额为1300万新西兰元，依然占据总预算的一半以上。② 另外，南极局、科学与创新部③等政府部门还对南极科研项目进行特别资助，一旦某位科学家的科研项目被纳入南极局的年度南极科学计划，南极局将承担其衣、食、住、行的费用；科学与创新部专门设立了南极科学和/或后勤保障的基金，为科学家的科研项目所需的实验设备提供资金资助。

第三，新西兰的南极科学在地质、物理、生物学等方面居于领先地位。早在1957年横越南极远征和国际地球物理年时期，新西兰就开始启动南极科学项目，迄今为止已在干谷的生态系统研究、太阳与地球的关系、从动植物化石和钻探考察南极气候变化情况等

---

① New Zealand Government. New Zealand Antarctic & Southern Ocean Science, Directions and Priorities 2010-2020, 2012：4.

② Anne-Marie Brady. "New Zealand's Antarctica", Anne-Marie Brady edited. The Emerging Politics of Antarctica, Routledge, 2013：154.

③ 2012年7月1日起更名为"商业、创新与就业部"(the Ministry of Business, Innovation and Employment)。

研究项目上取得了重大发现。① 新西兰向南极条约协商会议提交政策论文的数量在所有协商国中名列第二。

二、高度重视环境保护，支撑南极"软存在"②

新西兰在南极条约体系内部一贯提倡保护环境应是各国南极活动优先考虑的议题。在 20 世纪 70 年代中期开始热议的《南极矿产资源活动管理公约》（CRAMRA）谈判过程中，新西兰政府的态度几经变化：从开始推动促成该公约的签署，再到 80 年代末赞成磋商一个更全面广泛的环境保护体系来替代未曾生效的矿物公约；然而新西兰所持的基本立场却始终一致：在构建该法律框架时，各协商国考虑的首要问题应是南极环境保护，而非矿物开采涉及的主权和南极条约体系自身的权力问题。③

1991 年第 11 届南极条约协商会议通过了《关于环境保护的南极议定书》，新西兰于 1994 年通过《南极（环境保护）法》[Antarctica (Environmental Protection) Act, 1994]这一国内立法的形式，批准了《关于环境保护的南极议定书》。新西兰国内共有六个环境立法约束和规范其公民的南极活动：1994 年《南极（环境保护）法》、1981 年《南极海洋生物资源法》（Antarctic Marine Living Resources Act, 1981）、1999 年《动物福利法》（Animal Welfare Act, 1999）、1993 年《生物安全法》（Biosecurity Act, 1993）、1999 年《有害物质和新生物法》（Hazardous Substances and New Organisms Act, 1999）、1978 年《海洋哺乳动物保护法》（Marine Mammals Protection Act, 1978）。④

---

① David L. Harrowfield. Call of the Ice: Fifty Years of New Zealand in Antarctica. David Bateman, 2007: 201.

② 科考活动、考察站以及与之相应的支撑保障体系作为有形的存在，可称为"硬存在"；以环境保护为切入点，申请建立特别保护区并实践管理权等形式可被视为"软存在"。软存在、硬存在皆是彰显和加强国家在南极实质性存在的途径。

③ Klaus Dodds. Geopolitics in Antarctica: Views from the Southern Oceanic Rim. John Wiley & Sons Ltd, 1997: 174-183.

④ Antarctica New Zealand, "Environment", http://antarcticanz.govt.nz/environment/nz-legislation.

目前，新西兰是南极条约成员国中第一个在《环境议定书》要求下开展综合环境评估的国家，也是唯一一个政府会派专人随团监督指导南极旅行团活动的国家。官方对其南极活动均实行环保高标准，使其严格遵守《环境议定书》的要求，保护南极脆弱的生态环境免受影响。

除了进行南极环境立法外，新西兰也根据《南极条约》规定的南极保护区体系规则，建立并管理了 12 块"南极特别保护区"（Antarctic Specially Protected Areas），与美国共同承担管理了一块"南极特别管理区"（Antarctic Specially Management Areas）。[1] 建立保护区实施区域环境管理的做法是彰显南极"软存在"的重要支撑，同时也会是"后南极条约时代"主权纷争的一个重要筹码。[2]

三、维护条约体系的稳定，巩固南极地区和平

新西兰巩固南极非军事化，维护本国安全及地区和平的代表性举措是 1985 年与南太平洋周边邻国共同签订《南太平洋无核区条约》。冷战开始后，美、英、法三国都将太平洋视为"核试验场"，陆续在南太平洋进行核弹和氢弹试验。里根上台后执行"新遏制"战略，强力扩充核军备，美苏核军备竞赛不断加剧。1984 年，工党执政后采取反核立场，认为美国等西方国家的核政策危及南大洋和南太平洋的安全。因此，1985 年，新西兰不惜以《澳新美安全条约》（ANZUS）的终结为代价，[3] 禁止在新西兰领土内使用核武器和核能战舰，并禁止核动力的或携带核武器的船只进入新西兰港口和海域。由于美国海军拒绝确认舰艇上是否载有核武器，所有的美国海军船只实际上都被拒绝进入新西兰领海。1987 年，新西兰议会

---

[1] 吴依林：《环境保护与南极的"软存在"》，《海洋开发与管理》2009 年第 4 期，第 45 页。

[2] 刘惠荣：《南极特别保护区管理权辨析》，2014 年中国极地科学学术年会会议发言，2014 年 10 月 15 日。

[3] 新西兰的反核举动引起美国强烈不满。1986 年 8 月，美国正式中止了《澳新美安全条约》中对新西兰的安全保障义务以及两国间一切防务合作和高层往来，并将新西兰从盟国降至"友好国家"。

通过《无核区、裁军和军控法案》（Nuclear-Free Zone, Disarmament and Arms Control Act），禁止核装备和核动力军舰进入其港口，并用法律形式确定了新西兰为一个无核国家。

1985 年 8 月，"南太平洋论坛" 13 国首脑在拉罗汤加（Ratotonga）会议上缔结了《南太平洋无核区条约》。条约正式宣布：西起澳大利亚靠印度洋的海岸，东至东太平洋与拉美无核区相连接，北起赤道以北的基里巴斯，南至南纬 60°的区域为南太平洋无核区；在该区域内禁止使用、拥有、试验或部署核武器或核爆炸装置，禁止堆积、倾倒核废料。南太平洋无核区的建立维护了南大洋和南太平洋的安全，保障了新西兰本土和近海免受核武器的威胁，同时也是对南极洲无核区的补充和扩大。

四、加强国际合作，开展南极外交

新西兰是一个只有447 万人口的国家，综合国力有限，因此需要借助国际合作的方式保证南极科研项目、后勤保障等活动的顺利进行。

在后勤保障方面，新西兰尤其重视和依靠与美国的合作。新、美在南极的合作始于 1958 年国际地球物理年期间两国政府签署的《合作谅解备忘录》：新西兰同意将南岛基督城作为美国南极考察活动的基地，同时为其提供设备和服务。美国在此设有一个南极活动指挥部，负责向南极转运人员、安排并派遣船只和飞机；作为交换，美国则为新西兰的南极活动提供交通运输等后勤支援。① 半个多世纪以来，两国的海陆空三军通力合作，为两国南极项目提供交通运输和后勤支援。每年 10 月至翌年 2 月，美国和新西兰的空军都从基督城向两国在罗斯属地的科考站运送人员和物资。另外，美国每年 1 月还派遣一艘破冰船和一艘货轮向南极运输一批飞机无法运送的燃料和后勤保障物资，而在过境新西兰时会停靠在基督城港

---

① Neville Peat. Antarctic Partners: 50 Years of New Zealand and United States Cooperation in Antarctica, 1957-2007. Ministry of Foreign Affairs and Trade in Association with Phantom House Books, 2007: 95.

口，顺道运载新方工作人员前往斯考特站。可以说，如果没有美国的帮助和支持，新西兰现行常规的南极考察活动很难顺利开展；反之，新西兰也为美国的南极活动提供了后方辅助基地。双方都依赖与对方的合作关系来维护各自的南极国家利益。

除了交通运输之外，两国在科考站的建设、维护等方面也保持着密切的合作关系。① 麦克默多站（McMurdo Base）和斯科特站（Scott Base）的负责人每周都会举行一次例会，讨论能源保护、废物循环、提高通信技术和安排使用直升机与船只等问题。两站的通讯设备也是可以互换使用的，一旦麦克默多站的设备发生故障，即可使用斯考特站的设备；反之亦然。②

在科学研究方面，新西兰主要通过国际合作，特别是与美国合作开展南极科研活动，因此，其科学战略的核心规划与南极研究科学委员会的核心科学规划紧密联系。新、美两国在南极科研方面拥有一致的目标：重视南极气候、地质、生态系统的研究；致力于维护南极条约体系的稳定并促使环境保护成为体系内部优先考虑的议题；促进南极在全球气候和生物多样性方面的重要角色逐渐彰显，等等。两国共同参与了一些大型科研合作项目，例如研究罗斯冰架地区气候、海洋和地壳构造历史③的"南极地质钻探项目"（ANDRILL）、在罗斯海地区研究气候变化和地质反应的合作项目"纬度梯度项目"（LGP）、"长期地质研究项目"（LTER）等。

新西兰将南极视为"国家资产"和对外交往的筹码，"南极外交"是新西兰对外政策的重要内容。目前，新西兰已与美国、澳大利亚、英国、智利、德国、意大利、马来西亚等国在南极科学和后

① 美国的麦克默多站和新西兰的斯考特站都位于南极罗斯属地，两站之间只有几千米的距离。

② Neville Peat. Antarctic Partners: 50 years of New Zealand and United States Cooperation in Antarctica, 1957-2007. Ministry of Foreign Affairs and Trade in Association with Phantom House Books, 2007: 37.

③ Neville Peat. Antarctic Partners: 50 Years of New Zealand and United States Cooperation in Antarctica, 1957-2007. Ministry of Foreign Affairs and Trade in Association with Phantom House Books, 2007: 67.

勤方面建立了极其紧密的合作关系，美国和意大利的南极规划办与新西兰南极局一起坐落在基督城的国际南极中心内。2014 年 11 月 3 日，韩国南极规划办（Korean Antarctic Programme）也正式"落户"国际南极中心。在开幕仪式上，新西兰南极局和韩国极地研究院（Korea Polar Research Institute）代表两国政府签署合作协议，将加强两国在南极政策议题、科学研究和后勤活动方面的持续合作。① 南极在赋予新西兰外交活动更多的合作机会和共享利益的同时，也为新西兰带来国际地位和声望。

五、扩大南极宣传和教育，培育公众南极意识

从 20 世纪 50 年代中期开始，南极和南大洋就成为历届新西兰政府政治和教育计划的重要组成部分，② 其公众教育一直致力于提升公众对于南极和南大洋的地理认知，并使用"地理邻近性"（geographical proximity）和"地质连续性"（geological continuity）等地理指标向国民解释和论证其南极利益的合理性。③ 文化宣传方面，新西兰通过媒体和艺术家项目、文物修复和维护、南极旅游、邮政服务等活动来增强公众参与力度，培育和提升公众的南极意识和认知水平。

文化宣传方面，新西兰南极局设立了一系列长期的艺术与媒体项目，资助记者和艺术家到访南极，通过新闻报道和艺术作品宣传南极的科学、环境和历史的同时，也将南极的概念植入新西兰的文化当中；④ 南极遗产信托机构（Antarctic Heritage Trust）专门设立了"罗斯海遗产修复计划"（Ross Sea Heritage Restoration Project），修

---

① Scoop News. "Korean Antarctic Programme Opens Office in Christchurch". http://www.scoop.co.nz/stories/SC1411/S00006/korean-antarctic-programme-opens-office-in-christchurch.htm.

② Klaus Dodds. Geopolitics in Antarctica: Views from the Southern Oceanic Rim. John Wiley & Sons Ltd, 1997: 2.

③ Klaus Dodds. Geopolitics in Antarctica: Views from the Southern Oceanic Rim. John Wiley & Sons Ltd, 1997: 4.

④ New Zealand Government. Antarctica New Zealand Profile.

复和维护早期探险家们在罗斯海地区留下的遗址和文物;① 新西兰的南极旅游项目除了本土的国际南极中心、坎特伯雷博物馆的南极展览外,还开拓了罗斯属地的海上旅游,体验南极的自然环境和极端气候,参观游览早期探险家们的临时营房等活动;此外,早在20 世纪初期斯考特和沙克尔顿南极探险的年代,新西兰就开始发行纪念邮票,后又分别于 1957 年、1994 年、2012 年、2013 年四次发行罗斯属地的邮票。

上述媒体和艺术家项目、文物修复和维护、南极旅游、发行邮票等活动在扩大公众参与度、提升公众南极认识水平的同时,通过树立一种强烈的南极遗产意识,塑造国民对于本国与南极之间重要关联的公众认知,② 进而为本国南极利益提供了正当性和合理性。

第三节　中新南极合作及展望

目前,中新高层交往频繁,政治互信达到空前高度。中国已是新西兰的第一大贸易伙伴、第一大进口来源地和第一大出口市场。政经关系的稳步推进为两国南极合作奠定了坚实的基础。虽然中国远离南极,不具备地缘和历史的优势;南极科考与研究起步较晚,南极活动的规模不大,对南极事务的参与还不够,但这些差异并未影响两国建立互利双赢的南极合作关系。

当前两国在南极科学、环境和安全方面可巩固利益共同体;在联合科研、专业人才培养、后勤保障、气候变化等方面可以优势互补、互利合作;在南极旅游和教育方面则有继续拓展的合作空间。

一、巩固利益纽带

中新两国在南极拥有共同的科学、环境和安全利益。科学考察

---

① Antarctica New Zealand. Annual Report 2011-2012, 2012: 13.

② Antarctica New Zealand. "About us". http://antarcticanz.govt.nz/about-us.

是中国在南极最主要的活动，南极科学研究也是提高我国在南极事务中的参与权和话语权、维护和实现国家利益的现实手段；南极环境的变化会影响全球生态环境变化，同时也将使中国面临严峻的环境挑战。因此，保护南极地区的生态平衡及自然环境符合我国国家利益；南极地区的和平与稳定有助于为我国营造有利的外部环境，有助于避免在外交政策和国家战略上作出艰难选择。①

中新两国在南极领域的合作历史长久，关系密切。新西兰长期以来都对中国南极科学考察给予支持和帮助。20世纪80年代在南极研究刚起步阶段，我国就是在新西兰、澳大利亚等南极研究水平较高的国家的帮助下，通过考察、合作研究和培训等方式，为南极科学研究和建科考站做了大量的前期准备工作。"雪龙号"极地科考船在前往南极途中多次停靠新西兰基督城港口时，新方都为其提供了便利的服务。在过去30年的南极科考历程中，中新两国均致力于南极气候、环境等领域的科学考察。我国将加强在南极冰盖上进行冰架、海洋—海冰相互作用等领域的科学考察，为气候、环境等重大问题的研究作出积极贡献。② 新西兰的南极科学考察起步很早，对南极海洋生态系统、海洋资源保护、渔业等方面也进行了长时间、深入的研究，积累了丰富的经验。两国可在上述领域互利合作，深度构建利益共同体，发挥南极条约协商国的作用，为人类和平利用南极作出新贡献。

二、发挥优势互补

新西兰具有领先的南极科学研究成果，为南极条约协商会议贡献了相当多的政策论文，在国际南极事务上具有重要的影响力，但近年来财政困难影响了科研资金的投入。我国具备强大的科研能力和科研资金，但南极科学产出不强。过去我国的极地科研投入十分有限，近三年来极地专项经费支撑有较大提高，从2011年的4000

---

① 丁煌主编：《极地国家政策研究报告（2012—2013）》，科学出版社2013年版，第82页。

② 《中国海洋报》，《开创中新极地领域合作新局面》2013年4月25日。

万元增加到2012年的1.2亿元和2013年的1.12亿元。① 现有的科学预算是新西兰的两倍以上。因此，两国可以设立联合科学研究和考察项目，开展合作研究，实现优势互补：我方可以提升研究能力和研究成果形成、转化能力，新方则可以解决可持续发展的经费不足问题。

新西兰已在环境保护委员会、国家南极局局长理事会（COMNAP）、南极研究科学委员会等条约体系内多个机构中获得领导席位，有力地维护了本国南极利益。相比之下，我国目前的极地专业人才总体基数小，边缘化，竞争力不强，在国际南极治理机构中尚未获得一定数量的领导席位。因此，通过专业人员的联合培养，培养出一批具备高水平英语能力和南极科学研究及政策制定能力的专业人才，才能使我国南极研究人员和代表们更多地参与国际南极治理，表达我们的主张，也才能维护我国权益，提升我国在南极事务上的话语权。

自1957年在罗斯属地建成斯考特站以来，新西兰已在该区域积累了极为丰富的科学考察和后勤保障经验。我国近期计划在罗斯海西岸维多利亚地建立新的南极考察站，因此需要新方在后勤方面给予支持和帮助；全球气候变化，尤其是由于温室效应所导致的气候变暖对南极环境与气候变化产生着巨大的影响。新西兰是距离南极最近的国家之一，气候变暖、海平面上升的问题关乎其未来，决定其存亡。我国则在海洋监测预报技术方面走在了世界前列，可以在海洋防灾减灾和海平面上升问题等方面为新西兰提供技术帮助和支持，② 共同应对全球气候变化和海平面上升等问题。

三、拓展合作领域

中新南极旅游、教育领域合作前景十分广阔。中国目前保持新

---

① 吴军：《极地专项进展及阶段成果》，"2014中国极地科学学术年会暨中国南极考察30周年纪念"综合报告，2014年10月15日。

② 国家海洋局：《刘赐贵会见中国驻新西兰大使王鲁彤：推动中新两国海洋领域合作取得新突破》2014年8月1日，http://www.soa.gov.cn/xw/hyyw_90/201408/t20140801_33311.html。

西兰第一大海外留学生来源地和第二大游客市场的地位。随着中国经济和中新贸易的蓬勃发展，中国公民赴新西兰求学、旅游的市场还有很大发展潜力。

到 2014 年 11 月为止，约有 25.2 万人次中国游客到访新西兰；预计到 2020 年，中国游客数量将会增长到每年 50.9 万人次。随着两国关系的新定位，两国间的航班配额数也随即翻番。11 月 26 日起，中新之间每周运营的双边航班配额将从各 21 班次增至各 42 班次。① 航空的便利将进一步提升中国公民赴新西兰旅游、求学的市场潜力。新西兰可以针对中国游客大力推广南极特色旅游项目，也可以利用南极教育方面有得天独厚的优势为中国的南极工作者、学生、研究人员提供专门的南极研究课程、研修班、讲习班等。

第四节　小　结

"门户国家"的地理位置以及与南极悠久的历史渊源②塑造了新西兰人强烈的南极意识，也决定了新西兰在南极拥有至关重要的主权、环境、安全和商业利益。其南极政策主要包括科学研究、环境保护、维护和平、国际合作、宣传教育五大内容。两国"全面战略伙伴关系"的新定位，将深入推动和拓展科学、环境、后勤、南极旅游和教育等多方面的互利合作，增进两国科学家、科研机构的学习和交流，开创中新南极合作新局面。

当前，在从极地大国迈向极地强国的全新历史阶段的起点上，③ 新西的南极政策也可以为我国极地强国建设提供几点启示。第一，借鉴新西兰将南极视为"国家资产"的做法，在明确我

---

① 新华网：《新西兰和中国间航班配额翻番》2014 年 11 月 26 日，http://news.xinhuanet.com/fortune/2014-11/26/c_1113418621.htm。

② 早期各国的探险家们都是从新西兰出发经由罗斯海前往南极大陆，因此新西兰在南极探险和科考史上扮演了名副其实的"门户"角色。

③ 刘赐贵：《从极地大国迈向极地强国——中国极地考察 30 年回顾与展望》，《中国海洋报》2014 年 11 月 19 日。

国的南极角色定位的基础上，发布南极战略官方文件。在设定角色定位时，不应太过强调本国利益，① 而应有大国担当和世界情怀，将南极视为展示我国作为一个负责任、有担当的大国对世界作出贡献的平台。此外，进一步确定南极战略目标、需求和发展方向，发布全面阐述我国南极战略的官方文件，强调与其他国家共同的利益与共享的价值观。崛起后的中国在一系列国际问题上的行为都会引来关注或质疑，例如是否"消极行为体"、是否愿意维持现有的国际秩序。对于国际社会来说，许多分析者认为中国不断增加的极地活动可能会对其他极地国家的利益造成挑战。② 因此，发布南极战略符合国际关切，有助于国际社会正面理解我国的战略思维与意图。

第二，新西兰形成了一套权责明晰、分工明确、协调有序的南极事务管理和研究机制，由政策制定部门、研究机构及民间社会组织相互合作、协调执行南极政策和南极活动。我国现有的极地事务管理和研究体制存在横向松散、纵向边缘化的不足，尚未形成一支固定的专业化队伍，协调整合能力较弱。③ 因此，需要参考新西兰的经验，加强极地行政主管部门的管理职能和权限，健全与政府相关部委之间的协调合作机制，理顺南极研究和管理体制；在研究层面，以国内的研究机构和高等院校为阵地，扩大极地自然、社会科学的研究网络；同时在社会层面进一步提高极地事务的社会开放性和公众参与度，力争使全社会都关注南极事务，树立起维护我国南极权益的意识。

---

① 一些国际学者认为，中国在南极的活动是受利益驱动、中国在南极社科研究领域关注矿产资源开发权。而南极矿产资源开发问题在现行南极条约体系下是禁忌话题。

② 《从南北极看中国外交》2012 年 8 月 16 日，http：//www.takungpao.com/mainland/content/2012-08/16/content_945372.htm。

③ 秦为稼：《我国极地考察事业进展与展望》，"2014 中国极地科学学术年会暨中国南极考察 30 周年纪念"特邀报告，2014 年 10 月 15 日。

第三章　澳大利亚的南极政策：
国家利益及政策实践

作为南极"门户国家"，澳大利亚历来将南极和南大洋视为战略"后院"，试图在国际南极事务中扮演领导角色。在历史上，澳大利亚声索的南极领土占南极大陆面积的 42%，是最大的声索国，也是维护自身南极利益最为强势的国家。其领先世界的南极科学研究、南极立法体系以及在南极条约体系内部重要的领导力和影响力使它成为名副其实的南极"标杆"国家，也是中国开展南极合作的重要伙伴。

近年来，澳大利亚认为自身在南极地区的国家利益越来越受到挑战，因而在 2016 年 4 月，正式出台了"澳大利亚南极战略及 20年行动计划"(Australian Antarctic Strategy and 20 Year Action Plan)，再度强调了其南极国家利益，同时展现出加强南极存在、更广泛地参与南极事务的雄心。① 本书通过解读、分析官方文件，明晰澳大利亚的南极利益及其政策实践，为我国南极政策和战略的制定提供参考蓝本。

第一节　澳大利亚的南极国家利益

从 1959 年签订《南极条约》至今，澳大利亚在南极的核心利益

---

① Australian Antarctic Division. "Australian Antarctic Strategy and 20 Year Action Plan". http://www.antarctica.gov.au/_ data/assets/pdf _ file/0008/180827/20YearStrategy_final. pdf.

始终围绕着主权、安全、环境、商业等几个方面，但不同时期的优先性和重要性有所不同。澳大利亚官方对其南极利益的表述如下：保护澳大利亚对其南极领土及毗邻近海海域的主权；充分利用南极所提供的科学研究机会；保护南极环境，同时顾及南极环境的特殊性质及对澳大利亚所在地区的影响；维护南极地区和平，使其免受战略或/和政治对抗；了解并有能力影响澳大利亚邻近地区的发展；除采矿和探油之外，从南极生物与非生物资源中获取任何合理的经济收益。①

20世纪70年代中后期以前，领土主权一直都是澳大利亚优先考虑的议题。2004年，澳大利亚向联合国大陆架划界委员会提交南极外大陆架申请一事让主权问题重新凸显，南极主权权益的争夺从南极大陆领土主权转向了南极海域。此后，澳在南极海域非法捕鱼、捕鲸和外大陆架等一系列问题上的举措都显示出：澳大利亚在维护南极主权方面是最强势的领土要求国。

安全利益的重要性则因《南极条约》"非军事化""和平利用"等承诺的有效执行而有所下降。20世纪七八十年代，澳大利亚逐渐开始关注南极环境保护问题。在《南极矿产资源活动管理公约》（CRAMRA）谈判进程中，澳大利亚旗帜鲜明地反对该公约，并提议以一个全面禁止开采矿物资源活动和综合性的环境保护条约来替代CRAMRA。为了支持这一目标，澳大利亚加强了其南极考察站的基础设施，并重新调整了南极科学项目中的优先议题，以便强调对非矿产资源的研究和对南极环境的保护。

随着《关于环境保护的南极条约议定书》的签订及生效，环境保护在澳大利亚南极国家利益中的优先性逐渐显现。20世纪90年代后期，以渔业、旅游业为主的商业利益开始显现，其重要性也在逐渐上升。②

---

①　Australian Antarctic Division. "Australia's National Interests in Antarctica". http：//www. antarctica. gov. au/about-us/antarctic-strategy-and-action-plan/australian-antarctic-strategy/australias-national-interests-in-antarctica.

②　Lorne K. Kriwoken, Julia. Jabour, Alan D. Hemmings, Looking South：Australia's Antarctic Agenda. Federation Press，2007：194-195.

一、南极大陆领土主权要求

澳大利亚的南极活动始于 1911 年道格拉斯·莫森（Douglas Mawson）领导的首次澳大利亚南极探险。这次探险发现了乔治五世地（King George V Land）和玛丽皇后地（Queen Mary Land），并分别于 1912 年 3 月和 1912 年 12 月在上述两个地区以"插旗"的形式宣布此为英国领土。此后，澳大利亚继续资助和支持南极探险和航行活动，这些早期的南极活动兼具科学和政治的意义，其目的在于发现并控制南极大陆最有价值的地区。①

1933 年，英国颁布枢密令，对南纬 60°以南、东经 160°至 45°之间除阿德利地（Adelie Land）以外的所有岛屿领土宣布主权，并同时颁布了《澳大利亚南极国土接收法》（*Australian Antarctic Territory Acceptance Act*, 1933），将行政管理权移交澳大利亚联邦。澳大利亚由此获得 590 万平方公里南极领土的主权，并成为南极领土要求国中面积最大的国家。

1933 年澳大利亚南极领地（AAT）形成至 1959 年《南极条约》签订之前，澳大利亚和英国、法国、新西兰、挪威五国之间相互承认各自的领土要求，而另两个领土要求国阿根廷和智利则拒不承认 AAT。在此期间，澳大利亚采取了多种措施来支持其对 AAT 的主权主张，主要表现在如下两个方面：

第一，颁布南极法律，加强南极立法。1935 年出台《捕鲸法案》（*Whaling Act*），该法案适用于澳大利亚领土（包括 AAT）的毗邻水域；1954 年颁布《澳大利亚南极国土法案》（*Australian Antarctic Territory Act*），将除刑事法律外的澳大利亚首都区法律（*Laws of the Australian Capital Territory*）和杰维斯湾地区（the Jervis Bay Territory）的刑事法律适用于澳大利亚南极领土。

第二，发展南极科研，增强南极存在。1947 年，澳大利亚开始启动"澳大利亚国家南极研究探险"（ANARE）活动，进一步发展

---

① Lorne K. Kriwoken, Julia. Jabour, Alan D. Hemmings, Looking South：Australia's Antarctic Agenda. Federation Press, 2007：8.

南极研究项目,并陆续在次南极岛屿和南极大陆建立科考站:赫德岛的 ANARE 考察站(1947—1955 年)、麦夸里岛的 ANARE 考察站(1948 年)、莫森站(1954 年)、戴维斯站(1957 年)。

1959 年,英国、澳大利亚、新西兰、阿根廷、智利、挪威等七个领土要求国和美国、苏联、比利时、日本、南非齐聚华盛顿商讨解决"南极问题",并于 12 月 1 日签订了《南极条约》。

作为领土要求国,《南极条约》核心条款第四条的"冻结原则"有效保障了澳大利亚在南极大陆的领土主权要求:

第一,第四条第一部分第一款规定"本条约的任何规定不得解释为:缔约任何一方放弃在南极原来所主张的领土主权权利或领土的要求"。此外,该部分第三款规定"本条约的任何规定不得解释为:损害缔约任何一方关于它承认或否认任何其他国家在南极的领土主权的要求或要求的根据的立场"。这也意味着,一旦其他国家提出或从事不符合澳大利亚主权权益的领土要求或南极活动,那么澳大利亚可以保留其否认他国南极领土主权要求或要求根据的立场。

第二,第四条第二部分规定:"在本条约有效期间所发生的一切行为或活动,不得构成主张、支持或否定对南极的领土主权的要求的基础,也不得创立在南极的任何主权权利。在本条约有效期间,对在南极的领土主权不得提出新的要求或扩大现有的要求"。根据该条款,条约期限内的任何直接加强其领土要求的行为都是无效的;那么,其他南极条约协商国在澳大利亚南极领土区域内建立科考站、加强南极存在的行为都不能构成该国潜在的领土主权要求的依据。

在《南极条约》的规定下,只要条约尚在有效期内,澳大利亚原来所主张的领土主权权利或领土的要求将不会有任何的改变。[1]因此,除了维护《南极条约》,澳大利亚并不需要采取额外的措施来维护其主权权益。

---

[1]　Marcus. G. Haward and Tom Griffiths. Australia and the Antarctic Treaty System: 50 Years of Influence. University of New South Wales Press, 2011: 55.

在目前构成"南极条约体系"的所有法律文件中，1964 年的《保护南极动植物议定措施》、1972 年的《南极海豹保护公约》和 1991 年的《关于环境保护的南极条约议定书》都在主权问题上与 1959 年《南极条约》第四条保持一致，管辖范围也都是南纬 60°以南《南极条约》规定的适用范围。① 但 1980 年《南极海洋生物资源养护公约》(CCAMLR)的管辖范围从南纬 60°向北扩展到南极辐合带。

CCAMLR 的适用范围直接关系到澳大利亚对次南极岛屿赫德岛和麦克唐纳群岛的主权问题。但根据其第四条的规定，南纬 60°以南仍然受到《南极条约》第四条的法律约束，但 CCAMLR 并没有将《南极条约》第四条的适用范围扩展至南极辐合带，因此在 CCAMLR 界限以内的南纬 60°以北地区的领土主权则不受影响。这就意味着澳大利亚对赫德岛和麦克唐纳群岛的主权是无争议的。

二、南极海域海洋主权要求

随着国际海洋法的发展，尤其是《联合国海洋法公约》(以下简称《公约》)赋予沿海国更宽泛的海洋主权权利，澳大利亚陆续对一系列南极近海海域提出了主权要求：1973 年，宣布围绕其包括 AAT 在内领土的 3 海里领海，1990 年 11 月将 3 海里领海扩展至 12 海里；1994 年 8 月 1 日宣布 AAT 的专属经济区；② 此后又声索了 200 海里大陆架；其后，在 1999 年《环境保护和生物多样性法案》(*Environment Protection and Biological Diversity Act*)的基础上，对位于 AAT 近海、毗邻专属经济区的 200 海里"澳大利亚鲸鱼保护区"(Australian Whale Sanctuary)提出主权要求。

2004 年 11 月，澳大利亚依据《公约》第 76 条，向联合国大陆架划界委员会(CLCS)提交了次南极岛屿赫德岛、麦克唐纳群岛和 AAT 的 200 海里外大陆架声索申请。一旦批准通过，澳大利亚所有大陆架面积将达到约 340 万平方公里。如果获得 CLCS 的支持，

---

① 《南极海豹保护公约》适用于包括南纬 60°以南的所有地区，包括公海在内，比《南极条约》的管辖范围有所扩大。

② Lorne K. Kriwoken. Julia Jabour, Alan D. Hemmings, Looking South: Australia's Antarctic Agenda. Federation Press, 2007: 12.

那么对赫德岛和麦克唐纳群岛外大陆架的声索将会延伸至南纬60°以南、《南极条约》的法律管辖范围内；而《南极条约》第四条规定"在本条约有效期间，对在南极的领土主权不得提出新的要求或扩大现有的要求"。澳大利亚对外大陆架的主权要求将与《南极条约》发生直接碰撞，在外大陆架区域潜在的采矿活动也将与《关于环境保护的南极条约议定书》在条约体系区域内禁止任何形式的开采活动的规定互相矛盾。此外，联合国大陆架划界委员会是南极条约体系之外并且不受其法律约束的机构，向其提交涉及南极主权要求的申请是成问题的。因此，出于维护南极条约体系稳定的考虑，澳大利亚请求CLCS暂时不受理AAT近海部分的主权要求。这一举动不仅维护了其依据《公约》享有的权利，而且保证了南极条约体系内部的稳定。最终CLCS在2008年对澳大利亚的建议中仅仅支持了赫德岛和麦克唐纳群岛近海的外大陆架声索申请。①

三、环境利益

地理位置的邻近决定了南极的环境与气候变化对澳大利亚本土影响甚大：南极的臭氧空洞有可能在未来向外扩展，覆盖整个澳大利亚；全球气候变化，尤其是由于温室效应所导致的气候变暖也对南极环境与气候变化产生着巨大的影响。南极冰层、冰架和冰川的面积为1400万平方公里，一旦因气候变暖而断裂融化，那么全世界的海平面将会上升60米，② 那么澳大利亚将会首当其冲地受到影响；南极气候与环境变化也会对南大洋的生态系统产生直接、迅速的影响，从而影响澳大利亚的农业、渔业等经济利益。因此，澳大利亚从战略和安全的高度上关注和重视南极环境及保护问题。

① Marcus. G. Haward and Tom Griffiths. Australia and the Antarctic Treaty System: 50 Years of Influence. University of New South Wales Press, 2011: 61.

② Neville Peat. Antarctic Partners: 50 Years of New Zealand and United States Cooperation in Antarctica, 1957-2007. Ministry of Foreign Affairs and Trade in Association with Phantom House Books, 2007: 22.

四、安全利益

尽管 1959 年的《南极条约》禁止一切军事活动和核试验，但在实践当中，《南极条约》本身的法律漏洞和一些国家出于主权、资源和军事目的在南极地区的活动却对南极非军事化构成了挑战，同时也对澳大利亚的国家安全及南大洋的地区和平构成了潜在威胁。

《南极条约》的法律漏洞包括：第一，其开篇指明"南极应永远专为和平目的而使用，不应成为国际纷争的场所和对象"，并在第一条中更进一步地禁止一切具有军事性质的措施。然而，第一条第二款却又规定"不禁止为了科学研究或任何其他和平目的而使用军事人员或军事设备"。这一条款为各国在南极地区的军事存在和一些带有军事意义的科学研究项目提供了依据。

第二，《南极条约》对适用范围的模糊规定为军事活动提供了可辩解的空间。第六条规定"本条约的规定应适用于南纬 60°以南的地区，包括一切冰架；但本条约的规定不应损害或在任何方面影响任何一个国家在该地区内根据国际法所享有的对公海的权利或行使这些权利"。这样的规定实际上相当于在南纬 60°以南创设了两种法律制度；一种制度规范南极大陆和类似陆地的地区，禁止一切军事措施和核爆炸；另一种制度则存在于南极海域，公海制度规范该海域。[1] 因而公海可以不受非军事化的约束，从而为一些国家在南极水域从事军事活动提供了法律依据。

五、商业利益

南大洋是地球上海洋生物资源储量最丰富的地区，其中磷虾资源高达 15 亿吨。澳大利亚从 1981 年开始就在南大洋进行磷虾商业捕捞，当年的捕捞量就达到 15.5 万吨。[2] 20 世纪 90 年代中期以后，商业捕捞活动逐渐扩大，澳大利亚每年定期都在其南极领土附

---

[1] Frank Pallone, "Resource Exploitation: The Threat to The Legal Regime of Antarctica", International Lawyer, 1978(12): 547.

[2] 徐敬森、孙立广、王希华：《澳大利亚南极政治浅析》，《极地研究》2010 年第 3 期，第 307 页。

近海域捕捞金枪鱼、冰鱼和磷虾。

澳大利亚"南极门户城市"为本国和其他国家提供"南极服务"也可以产生一定的经济效益：以霍巴特为代表的门户城市为科学项目、渔业、旅游业、生物勘探或其他产业在南极作业提供后勤、供应、运营承包或其他支持性的服务。仅南极和南大洋科考活动这一项每年就可以为塔斯马尼亚州贡献 1.8 亿美元的财政收入，创造 1185 个就业岗位。①

第二节 澳大利亚的南极政策实践

澳大利亚南极政策实践致力于建立领先世界的科学研究和考察、齐备成熟的南极立法、提升在南极条约体系内部的影响力和领导力，以这三方面为抓手，有效维护了南极利益。

一、南极科学考察和科学研究

《南极条约》签订以后，开展南极科学考察和科学研究成为条约协商国、成员国扩大、提升自身在条约体系内影响力和地位的最主要方式，也是实现南极国家利益的最主要途径。

澳大利亚在南极科学研究方面具有悠久的历史，最早可以回溯到一百年前道格拉斯·莫森率领的"澳大利亚南极探险"。1911 年至 1914 年的澳大利亚南极探险始终把科学研究放在考察活动的首位。此次考察对阿代尔角（Cape Adare）至高斯山（Gaussberg）之间地区进行了全面的地理和地磁调查，最终建立了两个无线电基站和一个气象站，发现并勘测了东经 160°到 90°的大部分澳大利亚扇形。

1947 年，澳大利亚政府出资成立了"澳大利亚国家南极研究考察队"（ANARE），招募了来自国家开发和能源部、国家测绘局、矿

---

① 中国网：《澳大利亚发布南极新战略计划》2014 年 10 月 21 日，http：//www.china.com.cn/haiyang/2014-10/21/content_33824732.htm。

物资源局、气象局、南极局等政府部门和大学的成员。在 1947 年至 1948 年南极夏季期，在赫德岛和麦夸里岛建立了两个科学考察站。1954 年建立了澳大利亚第一个南极永久站莫森站，1957 年建立戴维斯站，1959 年接管美国的威尔克斯站，后于 1969 年重建并改名为凯西站。澳大利亚在南极大陆及次南极岛屿共拥有三个常年站和五个夏季站，这些站点是开展科考活动时搜集科学数据的基地。

澳大利亚参加了 1957—1958 年的国际地球物理年，此后长期持续地开展南极科学研究，迄今已居于世界领先地位。澳大利亚是南极条约协商国中向协商会议提交政策论文数量最多的国家，是名副其实的南极政策"出口国"；其南极研究成果的质量和影响程度也都居于前列，在南极条约体系内具有较高的政策影响力。

为了合理利用研究资源，给予研究人员明确的研究方向，优先开展与国家利益最相关的科研项目，澳大利亚从 1999 年开始编制以五年为一个周期的南极科学研究计划，研究主题包括四大类：冰雪、海洋、大气与气候变化；南大洋生态系统；对环境变化的调适；人类活动对南极产生的影响，在上述每个研究主题下再分解出三至四个更为细致的研究问题。2011 年正式推出为期十年的《澳大利亚南极科学战略计划 2011/12—2020/21》(*Australia Antarctic Science Strategic Plan* 2011/12-2020/21)，其中规定了四项研究主题：气候过程与变化；内陆与沿岸生态系统：环境变化与保护；南大洋生态系统：环境变化与保护；前沿科学。前三项研究主题详细、明确地规定了分解题目、发展前沿、设计依据、拟达到的研究结果、关键问题、研究方法和能力要求等内容。第四项前沿科学则规定可以研究符合国家优先发展的、具有战略意义的新兴学科和研究领域。①

澳大利亚南极科学研究具有以下几方面的特点：一是目标性和导向性。研究主题由政府统一规划，显示出明确的国家南极意志和

---

① 吴依林：《论澳大利亚南极科学战略及研究主题》，《中国海洋大学学报》(社会科学版) 2012 年第 1 期，第 1~2 页。

目标；同时，政府设定的研究主题也为研究人员指明了与国家利益最相关和最亟须解决的重大科学问题。南极科研是为了"传达满足政府特定政策需要的科学研究成果"。二是长期性。澳大利亚自1957年国际地球物理年以来，长期持续地开展南极科学研究，力图通过长期的研究积累对研究主题作全面深入的探讨和创新。三是国际性。澳大利亚是南极科学研究国际合作的倡导者、推动者，更是积极的参与者。借助和利用国际资源，参与国际计划，不仅可以共享数据资料，还可以及时得到其他项目进展信息和阶段性成果，从而在实现本国研究目标的同时还能够影响对 SCAR 国际计划的设置。

二、澳大利亚南极和南大洋法律

澳大利亚在长期的南极实践中形成了一套完备的法律体系：以南极领土管理法为基本框架，以南极环境与生物资源保护法为重点，以南极旅游、科学考察等事项的行政法规、守则和指南为补充。其成熟的立法体系有效地发挥了维护南极主权、促进科研合作、保护南极环境等作用。

1933年2月7日，英王乔治五世(King George V)颁布枢密令(order-in-council)，宣布东经45°至160°之间，除法国阿黛利地以外的南极大陆为"澳大利亚南极国土"(AAT)；英国将该地区主权移交给澳大利亚联邦。同年，澳大利亚议会通过了《澳大利亚南极国土接收法》，该法案于三年后正式生效。澳大利亚的南极立法正是始于《澳大利亚南极国土接收法》，但该法案只是相当于澳大利亚议会对英国领土主权移交的承认，并没有对 AAT 的管理进行立法，也没有明确哪些法律可以适用于 AAT。[1] 因此，1933年国土接收法没有建立真正意义上的南极法律框架。

AAT 建立后在相当长的一段时期内，澳大利亚没有采取任何措施加强对 AAT 的管理和控制。二战结束后，在民族独立运动高

---

[1] Marcus G. Haward and Tom Griffiths. Australia and the Antarctic Treaty System: 50 Years of Influence. University of New South Wales Press, 2011: 106.

涨的背景下，随着独立国家意识的觉醒，澳大利亚日益关注本国的南极利益。议会于 1954 年通过了《澳大利亚南极领土法》，将除刑事法律外的澳大利亚首都区法律和杰维斯湾地区的刑事法律延伸适用于其南极领土。《澳大利亚南极领土法》为此后 AAT 的其他法律提供了立法基础，也是澳大利亚南极法律体系的基本框架。

目前，澳大利亚对 AAT 已经建立了一套系统的法律体系，其内容比较全面地涵盖了领土主权、环境保护和生物资源、设立保护区和保护遗产遗迹、武器管理和刑事犯罪问题等几个主要方面。

澳大利亚南极法律的优先法源分为三个层级：第一是总督授权专为 AAT 制定的联邦法律。这些法规、条例优于 AAT 所接收的除了联邦法律之外的其他法律。理论上，这类法令可以被用以提供 AAT 的所有法律，但在实践中极少被用到。① 20 世纪 90 年代以来，此类法令只通过了两部，包括 1993 年《刑事程序法规》（*Criminal Procedure Ordinance*）和 2001 年《武器条例》（*Weapons Ordinance*）。

第二是 AAT 法律的基本结构，即除刑事法律外的适用于 AAT 的澳大利亚首都区法律和杰维斯湾地区的刑事法律。澳大利亚宪法第 122 条限制联邦影响州法律的权利，但不限制其对未列为州的地区进行立法的权利。因此，选择首都区和杰维斯湾地区的法律而不是州法律作为法源便于联邦通过法令机制和地区立法掌控 AAT 法律的内容。

第三是可以继续适用于 AAT 的联邦法律，这包括了除 1995 年《刑事法规法令》（*Criminal Code Act*）第二章以外范围广泛、不断扩展的一系列法律。这类法律构成了 AAT 法律的基础。

除了南极大陆的 AAT 以外，澳大利亚在次南极地区的领土包括麦夸里岛和赫德岛、麦克唐纳群岛。前者在法律上属于塔斯马尼亚州的一部分，因此塔斯马尼亚州法律完全适用于该岛，澳大利亚南极法律体系并不运用于麦夸里岛。而赫德岛和麦克唐纳群岛的法

---

① Marcus G. Haward and Tom Griffiths. Australia and the Antarctic Treaty System: 50 Years of Influence. University of New South Wales Press, 2011: 108.

律组成结构则与 AAT 的法律构成相类似，基本上都来源于澳大利亚首都区民事法律和杰维斯湾地区的刑事法律。

自 1959 年签订《南极条约》以后，作为条约协商国，澳大利亚逐渐修改、完善其南极法律，响应南极条约体系所赋予的责任与义务，相当重视南极环境与生物资源保护。这方面的立法有：1980年澳大利亚将南极条约协商会议上提倡的物种保护、遗址保护等与澳大利亚法律机制相融合，颁布了《南极条约（环境保护）法案》[Antarctic Treaty (Environment Protection) Act]，并于 1992 年大规模修改该法案以符合 1991 年《关于环境保护的南极条约议定书》对环境影响评估体系的要求；1981 年制定《南极海洋生物资源保护法》；1983 年通过《海洋保护（防止船舶污染）法》[Protection of the Sea (Prevention of Pollution from Ships) Act]；1991 年通过《南极禁止矿产活动法》(Antarctic Mining Prohibition Act)；1999 年通过《环境保护与生物多样性保存法》(Environmental Protection and Biodiversity Conversation Act)。

澳大利亚通过南极立法这种成本较低但意义深远的方式，建立起一套完整、系统的南极法律制度。澳大利亚南极法律对于加强南极实质性存在，管理南极事务和南极活动，实现和巩固南极国家利益具有重要意义。

三、提升澳大利亚在南极条约体系内部的影响力

现行的南极条约体系是保护南极环境，从事科学研究，以及实现澳大利亚所有南极政策目标的有效机制。[①] 因此，澳大利亚积极维护条约体系的稳定，并致力于争取在体系内部担当领导地位。

澳大利亚在条约体系内部提升自身影响力的表现有如下七个方面：

第一，在《南极条约》形成与缔结过程中发挥了关键作用，对敏感的主权问题提出了缔约各方都能接受的解决方案。作为回报，

① Commonwealth of Australia. Australia's Ocean Policy. Environment Australia, 1998: 9.

首次南极条约协商会议于《南极条约》生效后两个月在澳大利亚堪培拉举行。

第二，以南极条约协商会议（ATCM）为主要平台，在南极条约体系内寻求影响南极治理及提升自身影响力。ATCM 是各协商国为了互通信息，共同协商南极事务，拟订、审议并向各国政府推荐促进实现该条约的原则及目标的措施而定期召开的会议。根据向 ATCM 提交的政策论文数量统计，澳大利亚是南极条约协商国中"出口"论文数量最多的国家，具有较高的政策影响力和话语权。

第三，在《关于环境保护的南极条约议定书》形成过程中发挥了关键作用。1989 年第十五届协商会议上，澳大利亚与法国联合提出"综合保护南极环境以及其特有和相关的生态系统"的建议，首先倡导对南极实施全面环境保护，从而改变了南极条约体系发展方向，使得《南极矿产资源活动管理公约》搁浅，并最终促成《关于环境保护的南极条约议定书》的签署，为综合保护南极奠定了基础。

第四，《南极海洋生物资源养护公约》（CCAMLR）的总部和秘书处设在塔斯马尼亚州霍巴特市也是澳大利亚在体系内部争当领导地位的表现。澳大利亚在打击 CCAMLR 公约区域内的非法捕鱼问题上始终发挥着领导作用。20 世纪 90 年代中期开始，在高额经济利益的驱动下，CCAMLR 区域内逐渐增多的非法捕鱼活动（IUU fishing）不但危及南大洋生态系统，而且严重影响按照 CCAMLR 的要求合法捕鱼者的正当利益。在此背景下，澳大利亚积极敦促委员会采取措施限制非法捕鱼，同时提出了诸如"统一的船舶监控系统"（centralised vessel monitoring system）、"检查程序的加强使用"（enhanced use of inspection procedures）等解决方案。

第五，在外大陆架申请案问题上，澳大利亚最终维护并遵守了条约体系的规定。《公约》第 76 条建立了大陆架划界规则，并要求沿海国应在批准《公约》生效 10 年以内完成 200 海里外大陆架外部界限的划定。澳大利亚于 2004 年 11 月 15 日首先向联合国大陆架划界委员会（CLCS）提交了其南极领土 AAT 及所属赫德岛和麦克唐纳群岛的 200 海里外大陆架划界申请案，其中赫德岛和麦克唐纳群岛外大陆架的声索延伸至南纬 60°以南的《南极条约》法律管辖范围内。但是考虑到主权冻结的现状以及南极条约体系与《公约》在南极条约区域内的协调适用，也为了维护条约体系的稳定，澳大利亚最终请求 CLCS 暂不审议 AAT 的大陆架主张，仅审议其所要求的将凯尔盖朗深海高原地区和麦夸里海岭地区中的赫德岛、麦克唐纳群岛、麦夸里岛的扩展大陆架向南延伸至南纬 60°以南地区的大陆架请求。①

第六，澳大利亚是设立南极条约常务秘书处的主要推手。2005 年以前，历届南极条约协商会议都由举办国独立举行，条约体系内没有组织、协调机构专门负责 ATCM 的召开及其档案文件、会议资料的收集、存档等工作。澳大利亚长期支持建立一个独立秘书处，同时愿意做东道主，但是该提议未能在协商国内部达成共识。经过多年的谈判和澳大利亚的一系列努力，2001 年 7 月，在俄罗斯圣彼得堡举行的第 24 届南极条约协商会议最终决定设立南极条约常务秘书处，总部将设在阿根廷布宜诺斯艾利斯。南极条约常务秘书处将负责组织召开一年一度的南极条约协商会议及环境保护委员会会议；根据《南极条约》及《关于环境保护的南极条约议定书》的要求，促进各成员国的信息交流；收集、存档、安排和出版南极条约协商会议档案文件；向公众提供及宣传关于《南极条约》和南极相关活动的信息。

第七，目前，澳大利亚在南极条约体系以下机构中担任领导地位：南极条约协商国会议（ATCM）、南极研究科学委员会（SCAR）、环境保护委员会（CEP）、南极海洋生物资源养护委员会（CCAMLR），通过在上述机构中发挥领导性作用来保障和实现澳大利亚的南极国家利益。

---

① 联合国网站：《澳大利亚常驻联合国代表团连同澳大利亚提交的划界案给联合国秘书长的照会》，http：//www.un.org/Dept/los/clcs_new/submissions_files/aus04/Documents/aus_2004_c.pdf。

第三节　澳大利亚维护南极利益的新动态

最新的南极战略"澳大利亚南极战略及 20 年行动计划"中有两项重要内容用于加强南极存在和南极能力建设。这两项措施有力地弥补了过去几年澳大利亚维护其南极国家利益的不足与劣势，一是大幅提升南极活动的经费，二是投资建设新破冰船。

近年来，澳大利亚政府对南极科学研究和考察的资金支持和重视程度不足，导致澳洲在南极的存在逐渐落后于其他国家。保守党未把环境保护和科学当作重要议题，其在竞选过程中或刚执政时就明确表示政府将不再任命科学部长。2013 年 9 月执政以后先是裁撤了独立的气候委员会，目前正在起草废除"气候变化管理局"的法案。

此外，财政赤字是制约澳大利亚南极科学研究及考察的最大掣肘。2013 年 12 月，政府报告预计，由于经济疲软等原因，2013—2014 财年澳财政赤字将达到 470 亿澳元（约合 420.6 亿美元）；未来 10 年内都将维持财政赤字状态，总债务预计将增至 6670 亿澳元（约合 5969 亿美元）。

在财政困难的情况下，2014 年澳大利亚环境部计划在未来四年将其预算从 4.6 亿澳元大笔削减至 3.61 亿澳元，同时裁撤 670 个工作岗位。[1] 相应地，环境部也将削减其所属南极局的研究经费预算。

由于政府是极地科考活动的主要投资者，在资金援助上发挥主要作用，因此政府撤资将对南极科学研究造成很大的负面影响。同时，财政紧缩也使澳大利亚在南极的科考活动降至历史最低位；[2] 极地起降机等一些极地科考的基本设备短缺，"南极光号"破冰船

---

① 人民网：《澳南极研究经费遭官方削减，科研发展岌岌可危》2014 年 4 月 15 日，http://scitech.people.com.cn/n/2014/0415/c1007-24897250.html。

② 中国网：《澳大利亚发布南极新战略计划》2014 年 10 月 21 日，http://www.china.com.cn/haiyang/2014-10/21/content_33824732.htm。

面临退役。因此，澳大利亚科研人员无法到其南极领土的大部分区域进行科学考察。

而在最新的南极战略中，政府大幅度提高了南极活动的经费预算：将额外拨款 2.55 亿澳元(约 2 亿美元)用于今后 10 年内提高南极科研和后勤保障能力；其中 5500 万澳元将用于基础设施建设，2 亿澳元用于支持澳大利亚南极研究项目。① 如果按照前 10 年澳大利亚南极活动经费每年大致保持在 2000 万美元计算，后 10 年的南极活动经费将提高 1 倍，达到每年 4000 万美元。②

政府还计划投资 19 亿澳元建造新的破冰船，取代即将退役的"南极光号"破冰船，其中的 5.29 亿澳元用于涉及建造破冰船，13.8 亿澳元将用于未来 30 年维护破冰船的正常运营。

第四节 小 结

在加快建设海洋强国的时代背景下，积极推进我国极地事业发展，制定极地长远战略和具体政策是实现我国极地权益的重要举措。因此，澳大利亚的南极政策在以下几方面值得我们借鉴：

第一，加大对南极科学研究的支持与投入，提高南极科学研究质量。澳大利亚的南极研究是高质量和国际性的，为南极条约协商会议贡献了相当多的政策论文。③ 相比之下，我国向南极条约协商会议提交的科学工作论文和信息论文数量相对落后：2004—2009 年，中国向协商国会议提交了 7 份报告，相比之下，提交报告数量较多的澳大利亚为 59 份；1998—2010 年，中国向南极环境保护委

---

① Australian Antarctic Division, "Australian Antarctic Strategy and 20 Year Action Plan ", http://www.antarctica.gov.au/_data/assets/pdf_file/0008/180827/20YearStrategy_final.pdf.

② 潘敏：《澳大利亚：在南极事务中扮演重要角色》，《中国海洋报》2016 年 7 月 6 日。

③ 各有关国家向南极条约协商国和南极环境保护委员会会议提交的报告数量，可以用于评估国家在南极系统事务中的参与程度和参与能力。

员会提交的报告为 27 份，而澳大利亚提交了 87 份。①

因此，做好基础性科学研究工作，提高南极科学研究质量，及时将研究成果转化为政策性建议，对内可以为我国的南极政策制定和决策提供智力支持与决策参考，对外可以在南极事务上提出方案、阐明立场，积极争夺国际优先话语权，争取南极治理的议程设置，才能在事关南极治理的诸多问题上改变在一些议题上被动应对的局面，作出及时有效的反应。

第二，完善和成熟的南极立法体系。澳大利亚已建立了一套齐全完备、覆盖广泛的南极法律体系。我国的南极立法起步晚，进展慢，法律体系不健全。国家海洋局分别在 2007 年、2010 年、2013 年出台过四个部门规范性文件：《中国南极考察队员守则》《中国南极内陆站建设项目管理办法》《南极考察队管理规定》《南极考察培训工作管理规定》。上述文件法律位阶低、适用范围和对象有限，无责任承担与惩治措施；② 2014 年出台的《南极考察活动行政许可管理规定》是第一部有关规范南极考察活动的行政法规，对公民、法人或其他组织开展南极考察活动从申请、受理、审查、批准到监督管理作出了系统规定。但该规定法律效力低，仅限于考察活动。

为了规范、保障、引导我国在南极地区的科考、旅游、环境保护等活动，将《南极条约》等国际法转化为国内法，使我国各种南极活动有法可依，维护国家利益，树立履行国际义务的负责任大国形象，需要加快制定更高效力阶位的南极法，建立完备的南极法律体系。

第三，高度重视人才培养和储备，形成一套权责明晰、分工明确、协调有序的南极事务管理和研究机制。澳大利亚产、官、学、研多方形成了一套完整的、多层次的"南极政策共同体"，相关机构、部门和组织之间相互协调、合作制定和执行南极政策与活动：

---

① 根据南极条约秘书处官方网站提供的会议信息统计，参见南极条约秘书处网站：http：//www.ats.aq/devAS/ats_meetings.aspx？lang=e。

② 吴宁铂：《澳大利亚南极立法体系及其困境》，《边界与海洋研究》2017 年第 2 期，第 126 页。

在政府层面，负责南极政策的部长级及以上高层官员发挥行政核心作用；澳大利亚南极局是制定南极政策的领导机构，发挥协调性作用；外交外贸部、环境与水资源部、农业、渔业、林业部等其他政府机构也参与南极政策的制定或南极事务的管理，分别负责南极事务的对口领域。在研究层面，澳大利亚国内从事南极研究的高校和科研院所有33所，这些研究机构与28个国家的两百多所高校和科研院所进行国际合作，共同开展的研究项目多达一百多项。社会组织层面，"南极与南大洋联盟""绿色和平""世界自然基金会"等非政府组织也为澳大利亚南极利益提供了重要的支持。

在南极条约体系内的多个机构中，中国尚未获取更多的领导席位，很重要的原因是，缺乏一批稳定的、具备高水平英语能力和南极科学研究及政策制定能力的专业人才队伍。我国现有的极地事务管理和研究体制也存在横向松散、纵向边缘化的不足，协调整合能力较弱。

因此，需要参考澳大利亚的经验，培养一批具有国际视野、战略思维的高素质专业人才队伍，参与条约体系的各个治理机构，争取领导席位，发出中国的声音；此外，也需要加强民间社会组织和力量的参与，提高极地事务的社会开放性和公众参与度；以研究机构和高等院校为针对，扩大极地自然、社会科学的研究网络；健全极地行政管理部门与相关政府部门之间的协调合作机制，理顺南极管理和研究体制。由政策制定部门、研究机构及民间社会组织三方相互合作、协调执行南极政策和南极活动。

第四章 澳、新南极政策比较分析

本章将对澳、新两国所采取的南极政策进行比较分析，探讨其中的相同点和不同点，分析造成差异的原因，展开讨论上述异同点对于各自的南极政策制定的影响。

第一节 澳、新南极政策的相似点

澳、新在参与南极治理方面的相似之处有两点：其一是邻近南极的地理位置以及与南极悠久的历史渊源决定了两国都较早地参与了南极科考和探险，并且在南极事务和南极治理方面发挥了举足轻重的作用。两国都是 1959 年《南极条约》的原始签约国，都积极参与了南极条约体系的后续条约的制定。其二是两国都形成了一套权责明晰、分工明确、协调有序的南极事务管理和研究机制。

一、"门户国家"的地理位置和悠久的历史联系

(一)新西兰的地理位置及其与南极的历史联系

从地理学的角度看，古新西兰和南极大陆同属南方大古陆"冈瓦纳"的一部分。在 1 亿年以前，朗伊塔塔(Rangitata)板块从冈瓦纳古陆中分离出来，并向东漂移到太平洋中，古新西兰便独立出来。① 2009 年，科学家们在南极发现的树种化石和新西兰现今存

————

① ［新］菲利帕·梅因·史密斯著，傅有强译：《新西兰史》，商务印书馆 2009 年版，第 3 页。

活的榉树比较接近，① 这也从古生物角度进一步证实了新西兰与南极在地理上的联系。

就地理位置而言，除南美大陆最南端接近南极半岛的部分以外，新西兰是距离南极大陆最近的地方，也是进出罗斯海地区的"门户"，而从罗斯海这一片深海湾出发则是从南大洋到达南极大陆和南极点最近便的航行路线。因此，地理临近性决定了新西兰在南极探险活动和科学考察方面的战略重要性。

新西兰与南极的历史渊源最早可以追溯到英国探险家罗斯的南极探险时期。1840年，詹姆斯·克拉克·罗斯带领一支英国探险队在前往罗斯海、罗斯冰架和罗斯岛的途中造访过新西兰次南极岛屿。除此之外，由于地理上的近便，早期各国的南极探险家都是从新西兰出发经由罗斯海地区前往南极大陆，又在成功到达南极之后再返回新西兰。新西兰在南极探险史上扮演了名副其实的"门户"角色。从19世纪中叶开始，新西兰人就参加了美国、挪威等国的南极探险队。进入20世纪以后，以俄罗斯的别林斯高晋（Fabian Gottlieb Von Bellingshausen）、英国的斯考特（Robert Falcon Scott）和沙克尔顿（Ernest Shackleton）、澳大利亚的莫森（Douglas Mawson）等人为代表的探险家组成的探险队也都聘请新西兰队员。② 历史渊源与历史联系形塑了新西兰人强烈的南极意识和南极亲近感，并且很自然而然地认为南极是新西兰历史和文化遗产的一部分。

（二）澳大利亚的地理位置及其与南极的历史联系

从地理位置来看，澳大利亚是南大洋边缘国家（Southern Oceanic Rim），同新西兰一样也是进入南极的"门户国家"。英文"澳大利亚"（Australia）一词是从拉丁文"南方的土地"（*terraaustralis*）变化而来，意即"南方大陆"。17世纪初期，欧洲人

① British Antarctic Survey, "Frozen in Time: Fossils from the Antarctica". http://www. antarctica. ac. uk/about _ antarctica/geography/rock/fossil-collection. php.

② Ministry for Culture and Heritage, "Antarctica and New Zealand". http://www. nzhistory. net. nz/politics/antarctica-and-nz.

发现澳大利亚大陆时误以为这是一块直通南极的陆地，故取名为"澳大利亚"。澳大利亚最南部的塔斯马尼亚岛距离南极大陆只有2720公里的距离，是除新西兰之外距离南极大陆最近的地方。从地质学上看，今天的澳洲大陆与南极大陆在亿万年以前同属冈瓦纳（Gondwana）超级大陆块。① 大约一亿八百万年以前，冈瓦纳大陆块开始分裂漂移，澳洲大陆约在9600万年前分裂出来，南极大陆约在4500万年前分裂并漂流到南极点附近成型。近年来，科学家们在南极大陆的纵贯山脉发现了与澳洲相同的动植物化石，在南极大陆恩德比地（Enderby Land）的海岸一带发现了与澳洲塔斯马尼亚岛同样的榉树林。这些古生物学的新发现也进一步证实了澳大利亚与南极之间紧密的地理联系。

因为特殊的地理位置，在19世纪80年代以前的南极探险史上，澳大利亚曾是探险家、航海家、捕鲸船前往南极的"垫脚石"和归途中的"安全港"。19世纪80年代以后，殖民地政府才开始关注、探索南极。这期间较具代表性的事件是："澳大利亚南极探险委员会"于1886年在墨尔本成立。该机构致力于南极地理科学的研究，其成立动机一是由于澳大利亚的气候受到南极的影响，因此有必要从事南极科学研究；二是澳大利亚有意成为南方水域的首要大国，并逐渐在区域内建立自己的"门罗主义"，所以探索南极地区是澳大利亚的义务。②

19世纪90年代至20世纪10年代被称为南极探险的"英雄时代"，这一时期来自英国、法国、德国、澳大利亚、挪威、苏格兰、比利时、日本等八个国家的16支探险队纷纷前往南极，更为深入地探索南极大陆。这些探险家们不仅在科学发现上取得了非凡的成就，留下了众多值得称颂的传奇故事，而且各国探险队之间通过竞争竞相在世界舞台上树立民族自豪感和个人荣誉感。澳大利亚人在"英雄的时代"共参加了三次英国的南极探险，分别是：博尔

---

① 除了澳洲大陆、南极大陆、冈瓦纳超级大陆块的组成部分还包括今日的新西兰、非洲、南美洲和印度。

② Marcus G. Haward and Tom. Griffiths. Australia and the Antarctic Treaty System: 50 Years of Influence. University of New South Wales Press, 2011: 12.

奇格列温克(Carsten Egeberg Borchgrevink)带领的 1898 年至 1900 年探险，斯科特带领的 1901 年至 1904 年和 1910 年至 1913 年探险，沙克尔顿带领的 1907 年至 1909 年探险。①

二、南极事务管理与研究机制

(一)新西兰的南极事务管理与研究机制

新西兰国内形成了一套完整的、多层次的"南极共同体"，涵盖多个产、学、研和政策制定部门以及民间社会组织。新西兰的南极政策和南极活动就是由这些机构、组织和部门相互合作、协调执行的。

政府层面设有跨部门的南极委员会，以外交外贸部下属的南极政策司为主管部门，履行以下职责：协调新西兰政府包括罗斯属地在内的南极和南大洋政策建议；在南极条约体系内追求新西兰的利益；从事新西兰与其他国家的南极外交；建议外交部长履行 1994 年通过的《南极(环境保护)法》，包括针对赴南极旅游者、旅游业从业者以及非政府组织的游客制定明确的规程；向主要的产业部门提供 1981 年《南极海洋生物资源法》的执行建议。②

新西兰南极局在制定、管理、执行新西兰政府在南极和南大洋，特别是在罗斯属地范围内的各项南极活动方面发挥至关重要的作用。该机构总部位于"南极门户城市"基督城国际南极中心内的一座两层建筑内，与基督城国际机场相毗邻，其拥有 6 名董事会成员、27 名固定编制人员和包括从新西兰国防军借调到斯考特站工作的一组 10~15 人的临时雇员。③ 该机构负责为新西兰南极科考队员和参观访问者安排直升机、提供服装等后勤设备，还负责为新

① Marcus G. Haward and Tom. Griffiths. Australia and the Antarctic Treaty System: 50 Years of Influence. University of New South Wales Press, 2011: 15.

② New Zealand Ministry of Foreign Affairs & Trade, "New Zealand, Antarctica and the Southern Ocean". http://www.mfat.govt.nz/Foreign-Relations/Antarctica/index.php.

③ Antarctica New Zealand, "Structure". http://antarcticanz.govt.nz/about-us/structure.

西兰南极研究计划协调、批复和提供资金以及聘用每个季度在斯考特站工作和管理基地的工作人员。此外，新西兰南极局还通过艺术、媒体和组织青少年极地体验等形式的活动，树立一种强烈的南极遗产意识，形塑国民对于南极重要性以及本国与南极之间重要关联的公众认知。①

此外，与新西兰南极利益相关的其他主要部门还包括科学与创新部、总理内阁部、渔业部、环保部、新西兰土地局、新西兰救援协调中心、新西兰国防军等多个部门。其中，科学与创新部（The Ministry of Science & Innovation）负责资助新西兰的南极科学研究；渔业部（The Ministry of Fisheries）负责领导新西兰对罗斯海地区可持续渔业和海洋保护的研究、管理以及遵守 CCAMLR 的相关规定；环保部（The Department of Conservation）负责监督 1987 年《保护法案》（*The Conservation Act*, 1987）在罗斯属地的落实；新西兰土地局（Land Information New Zealand）承担罗斯海海道测量以及罗斯属地地理位置的命名；新西兰救援协调中心（The Rescue Coordination Centre New Zealand）负责罗斯海地区的救援协调工作。新西兰国防军（The New Zealand Defence Force）的任务主要是负责向南极运输人员及货物、为斯考特站和麦克默多站提供工程技术人员、调动海洋观测飞机监测罗斯海地区的非法捕鱼活动等，国防军在南极的活动极大地增强了新西兰的南极存在。

在研究机构层面，新西兰的 8 所大学都有专门的南极研究中心（所）或专人从事南极研究。坎特伯雷大学的南极中心（Gateway Antarctica）是一个具备自然科学与人文社会科学等多学科研究力量的研究机构，其在极端环境下的工程、南极与气候变化之间的相互影响、新西兰与南极的关系、人类对南极的影响等研究领域处于领先水平。② 该中心还专门开设有一个全世界唯一的南极学研究生文凭，每年面向全球招收 16 名学生，学习时间为三个半月。南极学

①　Antarctica New Zealand, "About us". http：//antarcticanz. govt. nz/about-us.

②　University of Canterbury, "Gateway Antarctica". http：//www. anta. canterbury. ac. nz/.

项目的教学方式包括讲座、研讨会、学生个人陈述、南极实地考察等，教学目标有以下几方面：使学生理解南极与南大洋主要的科学、环境、社会、历史、法律和政治问题及其解决之道；对南极环境和当代南极与南大洋的研究活动有所了解。① 惠灵顿维多利亚大学的南极研究中心侧重南极自然科学方面的研究，目前已在南极古气候研究、全球气候变化影响以及极地科学钻探和操作技术方面处于世界领先水平。② 怀卡托大学科学与工程学院的南极研究则长于陆地保护和人类活动对南极环境的影响等方面的研究。③ 除了上述3 所大学外，奥克兰大学、梅西大学、林肯大学、奥塔哥大学和奥克兰科技大学都有专人从事南极研究，研究领域非常广泛。此外，新西兰土地保护局研究所（Landcare Research）地质研究所（GNS Science）、国家水域和大气研究院（National Institute of Water and Atmosphere）等 3 个皇家研究中心也分别从事南极阿黛利企鹅及南极海洋生态系统④、南极地质分析和绘图⑤、南极海洋生态和大气科学⑥等方面的研究。

　　除了政府部门和研究机构以外，非政府组织也参与协助、从事新西兰的南极活动或参与南极政策制定的过程。"新西兰绿色和平组织"（Greenpeace）、"森林和鸟类协会"（Forest and Bird Society）、"南极海洋联盟"（Antarctic Ocean Alliance）等非政府组织都非常关注环境问题，还参与反对日本在南大洋捕鲸活动。从 2011 年至今，

---

① University of Canterbury, "Programme Structure and Assignments-Postgraduate Certificate in Antarctic Studies（PCAS）". http：//www. anta. canterbury. ac. nz/courses/gcas/structure. shtml.

② Victoria University of Wellington, "Research". http：//www. victoria. ac. nz/antarctic/research.

③ The University of Waikato, "Our Research". http：//sci. waikato. ac. nz/about-us/school-of-science/earth-and-ocean-sciences/our-research.

④ Landcare Research, "Research". http：//www. landcareresearch. co. nz/science/plants-animals-fungi/animals/birds/penguins/adelie-research.

⑤ GNS Science, "Regional Geology". http：//www. gns. cri. nz/Home/Our-Science/Earth-Science/Regional-Geology.

⑥ NIWA, "Search". http：//www. niwa. co. nz/search/node/Antarctica.

NGO 组织也积极参与并推动了正在南极海洋生物资源养护委员会热烈讨论的南极海洋保护区议题。新西兰政府与美国政府共同提出了建立"罗斯海海洋保护区"（Ross Sea Marine Protected Area）的提案。这一涉及南大洋 230 万平方公里海域面积，包括全面保护区、产卵保护区和特殊研究区三个部分的海洋保护区提案是由"新西兰绿色和平组织""森林和鸟类协会""南极海洋联盟""世界自然基金会"等非政府组织首先于 2011 年正式向 CCAMLR 提议建立南大洋海洋保护区和禁捕区网络，进而展开游说工作推动新西兰外交外贸部、南极局、渔业部等政府部门制定并向 CCAMLR 提交正式议案。[1] 非政府组织也作为代表出席了 CCAMLR 就南极海洋保护区问题的谈判。考虑到新西兰也是对南极罗斯属地提出领土主张的国家，因此一旦海洋保护区的提案在 CCAMLR 获得通过，那么新西兰在南极地区的"软存在"和主权权益将进一步得到加强。总之，非政府组织的上述活动都有助于强调新西兰的南极主张，因此也得到官方的支持。

(二)澳大利亚的南极事务管理与研究机制

澳大利亚产、官、学、研多方形成了一套完整的、多层次的"南极政策共同体"，澳大利亚的南极政策和南极活动由参与其中的机构、组织和部门之间相互协调、合作制定和执行。

在政府层面，首先，负责南极政策的部长级及以上高层官员在"南极政策共同体"中发挥行政核心作用，他们的态度和立场决定着澳大利亚在国际南极事务中的态度和立场。例如：20 世纪50 年代，澳大利亚外交部长凯西对于 ANARE 的发展和建立澳大利亚南极存在的支持和推动作用；80 年代，总理霍克和高层部长们对于《南极矿产资源活动管理公约》的反对；近年来，澳大利亚在维护自身南极利益方面显示出的强硬立场也与国内一些议员及部长们的鼎力支持不无关系。

其次，澳大利亚南极局在该政策共同体当中是制定南极政策

---

① 根据笔者于 2013 年 8 月 6 日在新西兰坎特伯雷大学对南极海洋联盟新西兰联络人 Geoff Keey 的访问内容整理而成。

的领导机构，发挥协调性作用，隶属于环境水资源部，其主要职能包括：负责为澳大利亚南极项目提供科学和后勤方面的支持；负责维护澳大利亚南极科考站；协调澳大利亚在南极和南大洋的科学研究；管理澳大利亚南极国土和次南极的赫德岛和麦克唐纳群岛；就如何通过南极条约体系增进澳大利亚的利益提供关键的建议。

再次，外交外贸部、环境与水资源部等政府机构也参与南极政策的制定或南极事务的管理，相关部门涉及南极事务的具体分工如下：外交外贸部（DFAT）负责在条约体系内部支持澳大利亚的外交活动，在南极条约协商会议中提升澳大利亚代表的领导力；环境与水资源部在南极条约体系和国际捕鲸委员会等国际环境条约和论坛中代表并维护澳大利亚南极利益；农业、渔业、林业部和澳大利亚渔业管理局负责南大洋，尤其是赫德岛和麦克唐纳群岛附属海域商业捕鱼活动的政策制定和管理；国防力量的职责在于保护赫德岛和麦克唐纳群岛、麦夸里岛专属经济区渔业资源，监管专属经济区区域内的非法捕鱼活动；塔斯马尼亚州政府拥有澳大利亚次南极岛屿麦夸里岛的管辖权，并负责支持位于该州霍巴特市的南极海洋生物资源养护委员会秘书处。

在研究层面，澳大利亚国内从事南极研究的高校和科研院所有33所，这些研究机构与28个国家的两百多所高校和科研院所进行国际合作，共同开展的研究项目多达一百多项。

在社会组织层面，"南极与南大洋联盟"（ASOC）、"绿色和平"、"世界自然基金会"（WWF）等非政府组织也为澳大利亚南极利益提供了重要的支持，例如在CRAMRA谈判后期促成了环境议定书的形成和签订；澳大利亚在CCAMLR内倡议推动打击非法捕猎犬牙鱼也与非政府组织的努力有很大关系。

第二节　澳、新南极政策的不同点

不同之处在于：其一是新西兰国力有限，在南极科研和后勤方面相当依赖国际合作；其二是新西兰南极罗斯属地创建的法律基础较不充分；相比之下，澳大利亚南极领土的法律基础更为牢靠，因而澳大利亚也是在维护南极主权方面最为强势的国家。但近年来，财政困难成为制约澳大利亚南极科研和考察的最大掣肘。

一、新西兰依赖国际合作

新西兰是一个只有四百多万人口的小国，综合国力十分有限，仅凭其一国之力无法维护其南极国家利益以及为实现此目标而从事的各项南极活动。因此，新西兰需要借助其他国家的资金、人员、后勤等方面的支持，以国际合作的方式组织专业团队和足够的物力财力资源，保证其南极科研项目、后勤运输和考察站维护等活动的顺利进行。

在后勤保障方面，新西兰尤其重视和依靠与美国的合作。新、美两国在南极的合作始于1958年的国际地球物理年。在此期间，新、美两国政府签署了一个谅解备忘录，就两国合作达成协议：新西兰同意将南岛最大港口城市基督城作为美国南极考察活动（Operation Deep Freeze）的基地，同时为其提供设备和服务。美国在此设有一个南极活动指挥部，负责向南极转运人员、安排并派遣船只和飞机；作为交换，美国则为新西兰的南极活动提供交通运输等后勤支援。[1]

半个多世纪以来，两国的海陆空三军通力合作，为两国南极项目提供交通运输和后勤支援。每年10月至翌年2月，美国和新西兰的空军都从基督城向两国在罗斯属地的科考站运送人员和物资。另外，美国每年1月还派遣一艘破冰船和一艘货轮向南极运输一批飞机无法运送的燃料和后勤保障物资，而在过境新西兰时会停靠在基督城港口，顺道运载新方工作人员前往斯考特站。可以说，如果没有美国的帮助和支持，新西兰现行常规的南极考察活动很难顺利

---

[1] Neville Peat. Antarctic Partners: 50 Years of New Zealand and United States Cooperation in Antarctica, 1957-2007. Ministry of Foreign Affairs and Trade in Association with Phantom House Books, 2007: 95.

开展；反之，新西兰也为美国的南极活动提供了后方辅助基地。双方都依赖与对方的合作关系来维护各自的南极国家利益。

新西兰南极局主要负责本国南极项目的后勤工作，例如为前往南极的科考队员提供直升机和服装设备等；另外，还有一项重要工作就是与美国南极规划办公室联络沟通。而实际上，这两个机构都位于基督城国际南极中心内的同一栋二层建筑中。

除了交通运输之外，两国在科考站的建设、维护等方面也保持着密切的合作关系。美国的麦克默多站距离新西兰的斯考特站只有几千米的距离，从20世纪60年代早期开始，两站就相互接待对方到访人员。两站的负责人每周都会举行一次例会，讨论能源保护、废物循环、提高通信技术和安排使用直升机与船只等问题。两站的通讯设备也是可以互换使用的，一旦麦克默多站的设备发生故障，即可使用斯考特站的设备；反之亦然。①

在科学研究方面，新西兰主要依靠国际合作，特别是与美国合作开展南极科研活动，因此，其科学战略的核心规划与国际南极研究科学委员会(SCAR)的核心科学规划紧密联系。新、美两国在南极科研方面拥有一致的目标：重视南极气候、地质、生态系统的研究；致力于维护南极条约体系的稳定并促使环境保护成为体系内部优先考虑的议题；促进南极在全球气候和生物多样性方面的重要角色逐渐彰显，等等。两国共同参与了一些大型科研合作项目，例如对罗斯冰架以下的海床进行深海钻探，旨在研究罗斯冰架地区气候、海洋和地壳构造历史②的"南极地质钻探项目"(ANDRILL)、在罗斯海地区研究气候变化和地质反应的合作项目"纬度梯度项目"(Latitudinal Gradient Project)(LGP)、"长期地质研究项目"(LTER)等。

---

① Neville Peat. Antarctic Partners: 50 Years of New Zealand and United States Cooperation in Antarctica, 1957-2007. Ministry of Foreign Affairs and Trade in Association with Phantom House Books, 2007: 37.

② Neville Peat. Antarctic Partners: 50 Years of New Zealand and United States Cooperation in Antarctica, 1957-2007. Ministry of Foreign Affairs and Trade in Association with Phantom House Books, 2007: 67.

二、澳、新两国南极领土创建的法律基础

（一）新西兰罗斯属地创建的历史依据与法律基础

早期英国在南极的利益集中在南大西洋的马尔维纳斯群岛。鉴于其重要的战略价值，1843 年英皇制诰对马尔维纳斯群岛及其属地提出了主权声索。自 1892 年起该地区正式成为英属殖民地。英国对南极半岛和次南极岛屿的发现及声索从 17 世纪下半叶开始直到 19 世纪初期。在这一个多世纪的时间里，英国人分别发现了南乔治亚岛、南设得兰群岛、南奥克尼群岛、南桑威奇群岛和南极半岛。这些发现及随后英国海员们的航行共同建立了英国对南极半岛和次南极岛屿的发现权。①

20 世纪初，英国对南极大陆的声索则是在经济利益的驱使下对捕鲸业的管制和养护。19 世纪捕鲸炮等新的捕鲸技术的发展和运用使得北大西洋区域的鲸鱼已几近灭绝，北半球的捕鲸船只开始远赴南大西洋从事捕鲸活动。由于南极水域拥有丰富的须鲸资源，捕鲸公司从鲸油和鲸须制品中迅速获取了高额利润。越来越多的捕鲸公司受利益的驱使意欲前往南大西洋作业。20 世纪初，英国在南大洋拥有占绝对优势的制海权，于是 1905 年，挪威政府在国内捕鲸业者的施压下，向英国政府问及次南极和南大西洋的南极地区的地位问题。英国对此的答复是：这些地区是由早期英国探险家们发现的，因此应是英国的属地。随后，英国认为有必要通过一些管制捕鲸的举措来展示国家权力，并以此来支持其尚在酝酿当中的领土主张。1906 年，马尔维纳斯群岛总督颁布了一项法令，无许可

---

① 对南极大陆的发现并非英国独有，也很有可能是美国人在捕猎海豹的过程中最早发现了南极半岛。美国、苏格兰、英格兰和法国的船只至少从 1819 年起就开始在南极半岛地区捕猎海豹和鲸鱼。一种推测认为美国捕鲸船长纳撒尼尔·帕尔默（Nathaniel Palmer）早于英国皇家海军的布兰斯菲尔德（Edward Bransfield）发现了南极大陆。

证禁止捕鲸，并对捕获的每一只鲸都征收使用费。① 为使其对捕鲸业的管理合法化，同时巩固和明确早期英国对于南大西洋和南极部分领土的声索，1908 年的英皇制诰正式宣布对位于南大西洋的南乔治亚岛、南设得兰群岛、南奥克尼群岛、南桑威奇群岛以及格拉汉姆地（Graham's Land）拥有主权，并将其命名为马尔维纳斯群岛属地。②

随着越来越多的捕鲸公司涌入南大西洋作业，被猎杀的鲸鱼数量不断攀升。为避免重蹈北大西洋地区鲸鱼濒临灭绝的覆辙，马尔维纳斯群岛属地在 1908 年颁布了新的管制措施，除了颁发许可证、征收使用费之外，还通过限制允许捕获的鲸鱼数量和保护幼鲸来养护捕鲸产业可持续发展。然而上述措施收效甚微，所以为了捕鲸业更长远的发展，英国于 1917 年颁布了新的英皇制诰，声索更大范围的南极海岸线，包括西经 20°至 50°，南纬 50°以南和西经 50°至 80°，南纬 58°以南的所有领土。③ 这次提出的领土要求不但包含更多由其他国家发现的海岸线，还包括延伸至南极点的一大片尚未发现的南极内陆。④ 1917 年的英皇制诰是英国的领土主张从南大西洋和马尔维纳斯群岛延伸至南极大陆的重要举措，也是英国对南极大陆声索的开始。

一战结束之后，英国开始对南极地区普遍地介入，主要的表现有：一是殖民地部于 1919 年成立了一个顾问机构"探索委员会"，其实体构成包括三艘游弋于南极水域的船舰和一个建在南乔治亚岛

---

① Hugh Logan. Cold Commitment: the Development of New Zealand's Territorial Role in Antarctica, 1920-1960: a Thesis Presented for the Degree of Master of Arts in History in the University of Canterbury. Christchurch, 1979: 9.

② Malcolm Templeton. A Wise Adventure: New Zealand in Antarctica, 1920-60. Wellington: Victoria University Press in Association with the New Zealand Institute of International Affairs, 2000: 16.

③ Hugh Logan. Cold Commitment: the Development of New Zealand's Territorial Role in Antarctica, 1920-1960: a thesis Presented for the Degree of Master of Arts in History in the University of Canterbury. Christchurch, 1979: 14.

④ 此处英国出于方便运用了"扇形原则"，然而此原则是否适用于南极是存疑的。

的实验室，其职责是协调各方面的调查，研究南极和次南极地区的经济资源，监督往来于南极水域的调查游轮。二是殖民地部国务大臣米尔勒勋爵（Lord Milner）及次长埃默里（Leopold Amery）对南极的经济和战略价值异常关切。二者都是怀有大英帝国愿景的帝国主义者，都认识到南极大陆周围丰富的生物资源和矿产资源，同时也意识到南大洋是连接澳大利亚、新西兰、南美和南非的贸易通道，对南大洋南部边界的控制可以护卫英帝国内部的联系，因此积极支持采取措施加强和扩展大英帝国的版图。1920 年，英国制定出未来的南极政策，即最终控制整个南极。

在历史上，新西兰与南极之间唯一的联系仅在于：早期的探险家们利用其地理位置之便，将其作为前往南极的中转站；殖民地政府出于对帝国探险事业的支持，给予到访的探险家们一定的财政支持。1920 年 2 月 6 日，英国殖民地部致电新西兰政府：英国出于捕鲸和战略目的的需要，意欲控制整个南极罗斯海。作为英联邦自治领，新西兰需要协助控制罗斯海海岸附近地区。① 虽然英国的政策与新西兰的对外责任是相抵触的，但在二战以前新西兰并不寻求独立自主的对外政策，保持帝国内部的从属地位并服从于英国的政策更有利于实现新西兰的利益。因此，新西兰政府同意取得对罗斯海地区的控制权。

1921 年 2 月，新西兰、澳大利亚的代表和埃默里在伦敦商定：澳大利亚和新西兰各自的控制范围应以东经 160° 为界，以西为澳大利亚扇形，以东则为新西兰扇形。未占领地区的所有权一般由永久占领而产生，但这个先决条件在南极显然不可能实现。所以殖民地部在 1921 年 3 月的《控制南极备忘录》中制定的南极主权的法律依据是：主权可以是在发现的基础上进一步由控制手段的颁布和实施来确立。英国向新西兰提供了两种确立主权的方式，一种是依据《1895 年殖民边界法令》颁布一道枢密令，但需经过自治领议会冗

---

① Hugh Logan. Cold Commitment: the Development of New Zealand's Territorial Role in Antarctica, 1920-1960: a Thesis Presented for the Degree of Master of Arts in History in the University of Canterbury. Christchurch, 1979: 5.

长的审批程序；另一种是使用君主特权颁布英皇制诰。① 新西兰政府可以自行决定采用哪种方案来宣布罗斯海地区是英国的领地和新西兰的属地，但此后新西兰迟迟未颁布任何法令来确认对罗斯海地区的领土主权要求，直到捕鲸问题再度出现。

1922 年 6 月，挪威人拉森(C. A. Larsen)向英国提交了一项专营许可证申请，计划前往罗斯海捕鲸[虽然罗斯海有种类及数量繁多的须鲸，但该地区气候十分恶劣，又缺少合适的锚地，捕鲸船只无法停泊，新西兰的海事处也不提倡在其次南极岛屿附近从事捕鲸活动，所以此前挪威和英国的捕鲸公司很少在罗斯海地区作业。但是拉森计划使用两艘装备有加工设备的捕鲸船、一艘支援船和十艘蒸汽捕鲸船，以巴雷尼群岛(Balleny Islands)或南极大陆为泊地前往罗斯海捕鲸]。这份申请相当于默认并支持英国在罗斯海地区的主权和领土主张。殖民地部将拉森的请求移交给新西兰政府，建议给予捕鲸许可证。新西兰政府于 1922 年 12 月 21 日颁布了许可证，其措辞清楚界定了英国的所有权存在于东经 160° 与西经 150° 之间的区域，同时规定挪威公司将在罗斯海或其附近的英属领海作业。通过颁布这一许可证，英国展示了其在这一地区的领土利益以及管理南极捕鲸业的决心。

拉森的申请让主权问题更为紧迫，因为捕鲸许可证的颁发具有一个假定的前提，即罗斯海岸地区是未经宣布的英属领地。所以，当务之急是需要颁发英皇制诰来正式确立英国对该地区的控制。但是在 1922 年 7 月，殖民地部内部的法律意见书开始质疑这一程序。假如这一地区是未经宣布的英属领地的话，它似乎适合《1887 年英国殖民地法案》第 6 款的定义：任何由非割让或非攻克而获得的或不在英国议会管辖之下的英国领土被定义为"英国殖民地"。该法案第 3 款将立法权委托给该领地内的 3 个或 3 个以上的人民，对此殖民地部想将立法权授予新西兰总督。上述这些问题被移交英国皇

---

① Hugh Logan. Cold Commitment: the Development of New Zealand's Territorial Role in Antarctica, 1920-1960: a Thesis Presented for the Degree of Master of Arts in History in the University of Canterbury. Christchurch, 1979: 24.

家法律官员们来解决，他们的答复是简短而模糊的：发现本身只能产生不完全的或者"尚未生效"的所有权，尽管如此，殖民地部宣称该地区是英属领地也是正确的。因此，最后的结论依然是这一地区是英国的"殖民地"。根据法案第 2 款，皇家特权可以将枢密院的职权委托给新西兰总督，通过这一做法可以使第 3 款无效。因此，正确的程序是依据《1887 年英国殖民地法案》颁布一道枢密令。1923 年 7 月 30 日，殖民地部颁布枢密令，宣布罗斯海海岸和南纬60°以南，东经 160°到西经 150°之间毗连的岛屿和领土作为英国的领地，由新西兰总督代为行使管辖权。后继的法律意见书认为，因为规避了第 3 款，所以"英国殖民地"这一定义是有问题的，因此声索的法律基础也是不牢靠的。①

（二）澳大利亚南极领土创建的历史依据与法律基础

道格拉斯·莫森带领的南极探险活动及其本人在推动澳大利亚南极领土创建过程中发挥了至关重要的作用。澳大利亚本国第一次南极探险是 1911 年至 1914 年由莫森率领的"澳大拉西亚南极探险"（Australasian Antarctic Expedition）。在赴南极探险之前，莫森建议澳大利亚政府应该率先对澳大利亚以南的南极扇形宣称控制权，并希望英国殖民地部准许他以澳大利亚和帝国的名义占领由其发现的领土，但没有获得官方授权。"澳大拉西亚南极探险"最终发现并勘测了东经 160°和 90°之间的大部分澳大利亚扇形，并命名了新的土地乔治五世国王领地（Land King George V Land）和玛丽皇后地（Queen Mary Land）；除了土地的新发现之外，还在麦夸里岛上建立了一个气象站，向澳大利亚和新西兰播送每日天气信息；此外，这次探险还首次使用了无线电通讯，并在英联邦湾建立了一个主站，在威尔克斯地建立了一个西站。

一战期间，莫森开始游说澳大利亚和英国政府，希望官方正式

---

① Hugh Logan. Cold Commitment: the Development of New Zealand's Territorial Role in Antarctica, 1920-1960: a Thesis Presented for the Degree of Master of Arts in History in the University of Canterbury. Christchurch, 1979: 31-32.

宣布他所提出的领土声索。1916 年，莫森敦促澳大利亚首相休斯将南极放在解决战后领土问题的国际议程上，认为"南极大陆应被分割成扇形，然后分配给已经从事过重要勘探和研究的国家。如果澳大利亚可以控制其以南的南极扇形，那么联邦的版图将从极点延伸至赤道"[1]。

除了莫森个人的积极推动，一战以后的澳大利亚政府也开始对英国施加强大的压力，要求获得澳大利亚以南大片南极地区的主权。但由于英国认为罗斯属地是除南极半岛以外最具资源潜力的地区，并且由于法国提出声索的阿黛利地与澳大利亚扇形的边界尚未明确，因此 1920 年英国的南极政策仅决定支持新西兰协助控制罗斯海海岸地区，尚未考虑赋予澳大利亚南极领土责任，也没有将南极领土分配给澳大利亚管理。1921 年 2 月，新西兰、澳大利亚的代表和埃默里在伦敦商定：澳大利亚和新西兰各自的控制范围应以东经 160° 为界，以西为澳大利亚扇形，以东则为新西兰扇形。1923 年澳大利亚新任首相兼外相斯坦利·布鲁斯（Stanley Melbourne Bruce）一上台就开始与"澳大利亚国家研究委员会"（Australian National Research Council）一道展开密集游说，向英国政府强力施压，试图挫败任何国家在澳大利亚南部边界地区建立一块飞地的企图。

1923 年至 1928 年，英国与挪威和法国就其在南极和附属水域的主权要求问题进行了冗长的谈判，逐步承认法国和挪威分别对阿黛利地和南大西洋布韦岛的主权要求，进一步为澳大利亚南极领土的创建扫清了道路。1924 年 3 月 29 日，法国宣布对东经 142° 至 136° 之间的南极领土"阿黛利地"宣布拥有主权。获悉这一消息后，"澳大利亚国家研究委员会"立即通过媒体呼吁政府质疑法国的声索，同时寻求国际社会对其管理东经 90° 至 160°（包括阿黛利地在内）之间澳大利亚扇形的支持。澳大利亚首相布鲁斯也向英国殖民地部求助，希望英国在该区域建立主权并将控制权交给澳大利亚。

[1] Marcus. G. Haward and Tom. Griffiths. Australia and the Antarctic Treaty system: 50 years of influence. University of New South Wales Press, 2011: 22.

　　1929 年至 1931 年，道格拉斯·莫森又率领英国、澳大利亚和新西兰的南极研究探险队两次回到南极，在阿黛利地和玛丽皇后地之间进行勘测、调查。这是一次政治意图非常明显的南极考察。在这两次南极考察以及 1911 年至 1914 年考察的基础上，澳大利亚政府对从东经 45°至东经 160°之间的南极大陆(除阿黛利地以外)提出了领土主权要求，但在 1931 年和 1932 年具体创建澳大利亚南极领地时，并没有参照罗斯属地的创建方法，以《1887 年英国殖民地法案》为基础，将 AAT 定义为"英国殖民地"①，然后通过颁布枢密令的方式建立南极领地，而是抛开《1887 年英国殖民地法案》，重新运用了一项新的法律程序：先颁布了一道枢密令，随后由澳大利亚联邦议会于 1933 年通过了《澳大利亚南极领地领受法令》(*Australian Antarctic Territory Acceptance Act*) 正式授予澳大利亚政府对澳大利亚南极领土的控制权。因此，澳大利亚南极领土比新西兰罗斯属地的法律基础更为牢靠。

---

　　① 澳大利亚自治领政府认为，AAT 是冰封区，甚至比罗斯属地更不适合人类居住，那么将其定义为"英国殖民地"其实是牵强的。

第五章　澳、新南极政策对中国的启示

在建设海洋强国和极地强国的时代背景下，积极推进我国极地事业发展，制定极地长远战略和具体政策是实现我国极地权益的重要举措，也是维护海洋权益、实现海洋强国梦的重要组成部分。因此，新西兰和澳大利亚维护其南极国家利益的成功经验值得关注和借鉴。

第一节　中国参与南极科考与南极事务的历史和现状

早在 20 世纪 50 年代，竺可桢等科学家就提出了中国应该开展南极科学考察的建议。60 年代，我国已经开始极地科考的筹备工作。1964 年，中共中央批准成立国家海洋局，指导南、北极海洋考察工作。但是由于当时国内外环境的制约，极地科考事业一直处于搁置的状态，直到 70 年代末期，随着"文革"结束，国际环境的改善，极地科学考察工作才又重新提上议事日程。

从 1984 年首次开展南极科考至 2015 年的 31 年时间里，中国极地科学考察事业取得了丰硕的成果：先后建立了南极长城站、中山站、昆仑站、泰山站、"雪龙号"极地科学考察船和中国极地研究中心等"一船五站一基地"的极地科学考察研究的保障平台和支撑体系；成功开展了 31 次南极科学考察，分别完成了南极周边重点海域和南极大陆考察站周边地区的环境综合考察与评估，获得了大量宝贵的第一手调查资料和样品，在极地资源潜力评估、极地海洋环境特性及变化、极地生态系统及资源特性、极地遥感与大地测量技术、极地对全球和我国气候变化影响综合评估、南极深冰芯钻探、南极天文观测等研究领域进展显著。① 在南极社会科学研究方面，自 2011 年设立"南北极环境综合考察与评估"国家专项以来，开展了极地国家利益和战略评估研究，为我国极地事务决策提供了有力支持；在南极建立及合作建立了两个南极特别保护区和一个南极特别管理区；在南极事务方面，全面加入了国际极地条约和有关组织，积极参与国际极地治理，提高了中国在国际极地事务中的地位和作用。

一、中国南极科学考察的历史进程

自 1977 年重新启动极地科考工作到 2015 年，中国南极科学考察事业从零开始，经历了四个阶段的跨越式发展：制定南极考察方案与策略（1977—1984 年），建立科考站，开展科学研究（1984—1995 年），跻身国际极地研究行列（1996—2000 年），从极地大国迈向极地强国（2001—2015 年）。

（一）制定南极考察方案与策略（1977—1984 年）

1977 年 5 月 25 日，国家海洋局党委在贯彻全国第二次"学大庆"精神工作会议上提出了"查清中国海、进军三大洋、登上南极洲"的宏伟目标。6 月 29 日，国家海洋局南极考察船筹建工作组草拟了"关于南极考察船技术任务书的初步设想"。② 1978 年 8 月 21 日，国家海洋局向国家科委提交了《关于开展南极考察工作的报告》，建议成立南极考察委员会，商定首次南极考察的方案，并研究南极考察船的建造或购买事宜。10 月 10 日，国家海洋局就"关于开展南极考察工作事务"向国务院进一步请示，阐述南极考察的重要意义及主要内容，我国进行南极考察的步骤和组织领导等问

---

① 石丰登：《2014 中国极地科学学术年会暨中国南极考察 30 周年纪念会在青岛成功举办》，《海洋科学进展》2014 年第 4 期，第 572 页。

② 刘中民等：《国际海洋政治专题研究》，中国海洋大学出版社 2007 年版，第 190 页。

题。然而,当时"文革"刚结束,各项事业百废待兴,南极考察工作所需的经济、技术、科学等条件相对落后。鉴于此,我国制定了"借船出海"策略和"请进来、走出去"的国际科技合作方针,放弃买船或造船并组织去南极考察的方式,通过积极参与国际科技合作,在较短时间内快速提高了我国南极科研水平,为建立科考站、独立开展科学考察作准备。1980 年至 1984 年,中国共派出 30 多位科学家到已在南极建站和南极科学研究水平较高的国家进行考察、合作研究和培训,学科领域门类齐全,涉及地质、地貌、冰川、气象等自然科学,也包括考察站的管理、基地建设、后勤支援等方面。与此同时,也积极邀请外国专家来华访问,介绍南极考察、组织管理、后勤供应等方面的经验体会,商谈考察协作项目,并向中国南极考察队提供培训。中国科学家们在这一阶段取得了若干研究成果,为南极科学研究和建立科考站做了大量前期准备工作。在此期间,中国政府于 1980 年 7 月成立了国家南极考察委员会,并在国家海洋局下设南极考察办公室(后改为极地考察办公室),统一组织领导南极考察工作,完善了南极科考事业的机构建制。

(二)建立科考站,开展科学研究(1984—1995 年)

1984 年 10 月,由 600 多名队员和"向阳红 10 号"远洋考察船、"J121"救生打捞船两艘万吨轮组成的中国首次南极考察队赴南极建站并进行科学考察。1985 年 2 月,中国第一个南极考察站——长城站在南极南设得兰群岛的乔治王岛胜利建成。此次南极考察队还完成了南极斯科舍海域的专项考察,以及横穿太平洋和德雷克海峡的走航调查。1989 年 2 月,第五次南极考察队在东南极大陆沿海的拉斯曼丘陵上建成了第二个南极考察站——中山站。1993 年,中国购买了乌克兰建造的"雪龙号"破冰船,替代"极地号"抗冰船执行科学考察与补给运输任务。自此,我国形成了独立自主进行南极考察的"一船两站"的保障能力。从"八五"开始,中国便独立自主地实施南极科考计划,南极考察工作的重点也从建站转向科学考察,突出了南大洋磷虾资源与开发利用、南极重点地区生态系统研究等七个方面的研究课题。

（三）跻身国际极地研究行列（1996—2000 年）

"九五"期间，我国极地科学考察和研究的主要成果表现在：实施了国家重大科研项目"南极地区对全球变化的响应和反馈作用研究"，在中山站、长城站、南大洋、内陆冰盖和格罗夫山脉的广阔区域深入开展了中日合作高空大气物理观测、固体潮观测、臭氧观测、地磁观测、国际 GPS 联测、淡水生态考察等多学科的综合科学考察；分别于 1997 年、1998 年、1999 年成功组织了三次南极内陆冰盖科学考察，对了解东南极兰伯特冰川以及物质沉降与气候变化特点有了突破性的进展；又在 1999 年、2000 年两次组织了格罗夫地质考察，为中国首次采集到了 32 块南极陨石，从而使我国成为世界上第五个拥有南极陨石较多的国家之一；在国际合作方面，分别与澳大利亚、新西兰、日本、韩国、俄罗斯和挪威签署了极地考察合作项目，中美科学家还就南大洋物理海洋学和化学海洋学进行了现场合作。

（四）从极地大国迈向极地强国（2001—2015 年）

步入 21 世纪以来，我国南极研究实力和研究深度实现了跨越式大发展。2012 年，党的十八大提出建设海洋强国的宏伟目标，作为我国海洋强国建设的重要组成部分，极地事业正在迎来一个难得的历史机遇期，当前我国也正在从极地大国向极地强国迈进。2014 年南极科考进入"而立之年"，中国将继续完善战略布局，加快南极考察新站、新破冰船、新飞机、新装备等能力建设，进一步完善南极考察后勤保障和支撑体系，努力向极地强国迈进。

2005 年 1 月，中国南极内陆冰盖昆仑科考队确认找到南极内陆冰盖的最高点，这是人类首次登上南极内陆冰盖最高点。2009 年 1 月，中国第 25 次南极科学考察队在南极内陆最高点冰穹 A 地区建成了中国首个南极内陆科考站——昆仑站。南极内陆冰盖上一共有 4 个最具科学研究价值的点：极点、冰点、磁点和高点。美、俄、法三国分别占据了南极极点、冰点和磁点，建立了阿蒙森·斯考特站、迪蒙·迪维尔站、东方站。南极仅剩下高点这一科考空白，很多国家都想在此建立内陆考察站，因此冰穹 A 地区也被称作"南极必争之点"。昆仑站的建成标志着我国极地考察事业实现了"由大到强"的历史性跨越。这一考察站的建立对我国有着重大的现实和长远意义。冰穹 A 地区具有的重要科学研究价值，不仅能够满足我国对全球环境变化和其他南极科学研究的需求，而且有助于提升我国南极考察的总体水平和对人类和平利用南极的贡献率。以昆仑站为依托，我国将有计划地在南极内陆开展冰川学、天文学、地质学、地球物理学、大气科学和空间物理学等领域的科学研究，实施冰川深冰芯科学钻探计划、冰下山脉钻探、天文和地磁观测、卫星遥感数据接收、人体医学研究和医疗保障研究等科学考察和研究。

2014 年 2 月 8 日，我国在南极中山站与昆仑站之间的伊丽莎白公主地，正式建成第四个科考站泰山站。作为继昆仑站后的第二个南极内陆站和度夏站，泰山站的建立将进一步推动中国南极考察从南极大陆边缘地区向南极大陆腹地挺进。泰山站不仅是该站区附近和南极格罗夫山地区开展科学考察的又一支撑平台，而且将成为承担为昆仑站考察队提供物资补给、紧急避险、油料储备补给、飞行备降等后勤保障任务的中转枢纽站。

二、中国极地科学考察的科学成就

中国极地科考在极地海洋学、冰川学、地质、气象和生态生物学等方面取得了诸多高水平的研究成果，积累了大量极地科学观测数据和标本样品，为人类了解认识以及和平利用极地作出了贡献。

从 20 世纪 80 年代开始，我国就与澳大利亚、日本、法国等国开展南极考察合作计划，培养了一批中青年科学家。中国科学家们在高水平的国际研究平台和合作研究过程中取得了以下开创性的研究成果：对东南极大陆罗多姆冰帽地区雪的成冰过程和成冰带的划分、雪密实化的地带性规律和冰的晶体组构、冰芯的力学特征和稳定同位素及微粒分析、冰盖近表面层热力学特征，以及获取浅冰芯高分辨率气候记录等东南极内陆冰盖考察取得了开创性的成就；首先采用地质学和生态学等多科学交叉研究的方法，利用沉积层中的动物粪和海豹毛发数量变化创造性地恢复了历史时期南极企鹅、海豹数量变化规律及其与气候、环境变化之间的关系，开辟了亚南极生态学新领域的原创性成果；率先查明东南极拉斯曼丘陵及邻区主期变质、变形的时代和东南极泛非期构造事件的含义，揭示了上新世以来及末次冰盛期前后冰盖进退和古气候演化过程，提出东南极冰盖形成以后曾经发生过大规模退缩事件，在东南极地质学和古环境研究方面取得了新发现；建立了南极长城站、中山站等极地环境监测体系，开展了大气、海洋、冰川、地球物理、空间环境等长期观测，获取了全球变化连续观测数据，建立了极地科学数据和标本样品的共享平台；在南大洋海洋学研究方面取得了新进展，第一次提出了利用复眼晶椎数目和复眼直径作为大磷虾的生长指标，提出了鉴定大磷虾自然种群负生长的有效方法。通过开展埃默里冰架运动和物质平衡、冰架采样、海洋学等观测，揭示了埃默里冰架前缘海水交换方式，发现了冰架前缘和冰架下存在着较强的底层流。①

　　陨石是科学家了解太空星系和宇宙起源的重要对象，在步入探月和深空探测计划的时代，研究陨石的意义尤其显得重要。南极陨石因为降落在冰雪中，不受污染，其原始信息保存最好，研究价值也最高，因此正成为南极考察和科学研究的一个新兴领域。自1998 年以来，中国在南极格罗夫山发现了大型南极陨石富集区，并在此地区先后开展了 5 次科学考察，共收集到南极陨石 11452块，成为世界上拥有南极陨石最多的国家之一，仅次于日本和美国。② 泰山站所在的格罗夫山地区位于东南极的伊丽莎白公主地，普里兹湾兰伯特裂谷的东岸，该地区为冰原岛群峰，由 64 座岛峰和大面积的蓝冰区组成，面积约 3000 平方公里，是南极新发现的一个陨石富集区。泰山站在此建立将获得陨石研究的地利，并推动该研究深入开展。③

　　冰穹 A 点地区是南极内陆距海岸线最遥远的一个冰穹，是地球上自然环境最恶劣的地区之一，同时也蕴藏着宝贵的科学资源。这一区域除了中国科考队员两次登陆以外，还没有任何国家的科学

　　① 陈连增：《中国极地科学考察回顾与展望》，《中国科学基金》2008年第 4 期，第 201 页。

　　② 冬木：《中国南极考察的新阶梯》，《中国海洋报》2014 年 2 月 13 日。

　　③ 冬木：《中国南极考察的新阶梯》，《中国海洋报》2014 年 2 月 13 日。

家从地面到达过。2005 年 1 月 9 日，中国第 21 次南极考察，南极内陆冰盖昆仑科学考察队首次从地面进入了冰穹 A 地区，填补了国际南极内陆冰盖考察的空白。2009 年 1 月 27 日，我国还在南极内陆冰盖最高点冰穹 A 地区建成昆仑站，实现了我国南极考察从大陆边缘向大陆腹地的战略性跨越。①

三、中国参与国际南极事务的进展

1983 年 5 月，第五届全国人大常委会第二十七次会议通过了中国加入《南极条约》的决定。6 月 8 日，驻美大使章文晋向条约保存国美国政府递交了加入书。中国正式加入南极条约组织，成为南极条约缔约国之一，同日条约对中国生效。由于此时中国尚未开展独立的南极科学考察活动，也没有建立南极科考站，所以根据《南极条约》的规定，尚不具备成为协商国的资格，在国际南极事务中只享有发言权，没有表决权和决策权。

随着 1984 年首次南极科学考察活动的胜利举行和 1985 年首个南极科考站的建成，中国已经具备了成为南极条约协商国的资格。1985 年 10 月 7 日，为期两周的第十三届南极条约协商会议特别会议上，一致同意接纳中国为南极条约协商国（ATCPs）。由徐光建率领的中国代表团首次以协商国成员身份出席了此次会议。这是中国登上南极国际政治舞台的标志，也是中国参与和决定国际南极事务的开始。

1986 年 6 月 23 日，中国正式成为南极研究科学委员会（SCAR）成员国。1990 年 8 月，中国成为国家南极局局长理事会（COMNAP）成员国。1994 年 8 月 2 日，中国批准《关于环境保护的南极条约议定书》。目前，我国已在 44 个国家参与的南极条约体系中的影响力和话语权不断扩大，在国际南极事务中的地位和作用不断增强。

步入 21 世纪以来，伴随着南极科学考察和研究能力的提升，

---

① 袁于飞：《极地科考中的"中国力量"》，《光明日报》2014 年 12 月 15 日。

我国在国际南极事务中的地位和影响力不断提高。2002 年 7 月，中国成功承办并在上海召开了"第 27 届国际南极研究科学委员会大会"和"第 14 届国家南极局局长理事会"，共有 30 多个国家的政府官员和 500 多名科学家参会。此次会议的举办是我国承办的首次南极研究领域最高层次的国家大会，也标志着我国在国际南极事务中从被动跟随开始转入积极主动的态势。2008 年，中国提出的"南极格罗夫山哈丁山特别保护区"议案获得第 31 届南极条约协商国会议的通过。这一特别保护区将由我国负责管理，也是第一个由我国独立管理的南极特别保护区。2007 年至 2008 年，中国积极参加并发起了全球科学家共同策划的第四个国际极地年（IPY）计划，并在此期间制定和实施了国际极地年中国行动计划。中国科学家牵头组织的大型南极考察与研究计划"普里兹湾—埃默里冰架—冰穹 A 科学考察计划"（PANDA 计划）被确定为国际极地年核心计划之一，也是国际极地年中国行动计划的核心计划。中国行动计划的实施，拓展了我国在南极的考察空间并形成区域优势，提高了极地研究水平和国际地位。通过这次全面参与国际极地年的合作，极大地推进了中国科学考察事业的发展，提升了我国对世界极地科学的贡献和我国在国际极地领域的影响力。

作为世界上人口最多的发展中国家和联合国常任理事国之一，中国的加入使得南极条约体系更具普遍性和代表性。中国政府认可和支持南极条约体系及其组织，支持南极事务的决策模式。自成为条约成员国以来，中国政府严格履行各项条约义务，多次发起科技合作和保护南极环境的倡议，积极维护《南极条约》的宗旨和原则，为促进南极更好地为和平、科学进步和人类的共同利益服务作出了自己的贡献。

第二节　中国的南极国家利益与权益

学界对于"国家利益"的定义及其内涵的理解具有多元性，并未形成具有权威性的一致看法，以至于"国家利益"被看作"一个弹性很大、易被随意解释的词语"，"在任何一个特定时间内占优势的国家利益概念只不过是各种政策动机的混合物"。①

本章内容所涉及的"国家利益"概念采用《极地国家政策研究报告(2012—2013)》中对其概念的界定，即"影响和满足一个民族国家生存与发展的合法需要，以及为了实现这种需要而对社会资源的占有、开发、利用和分配"②。这一界定的得出源自对"利益""国家利益"相关学说的剖析、吸收与融合。"利益"是"国家利益"的核心语素，对其概念的阐释分为主观论、客观论、关系论三大类别。

持主观论的学者认为，利益是主体对客观事物的内心感受和主观需要。这种利益观又分为内心感受说和主观需要说。前者认为，利益是主体对客观事物的一种幸福感受。后者认为，利益是主体的一种主观需要、愿望或要求。持客观论的学者认为，利益是主体所追求的客观事物。而持关系论的学者则认为，利益是主体与客体之间的一种关系。利益被认为在本质上属于社会关系范畴。基于生产体系中的地位而形成的对物质产品的占有关系是物质利益，也称经济利益。除此之外，还有政治利益和精神生活方面的利益。③

上述三大派别对"利益"的认知都或多或少地触及了其概念的内涵，但并没有完全科学地揭示利益的形成和本质。主观论混淆了利益与需要的概念，④ 的确，利益具有主观性的一面，它与人的欲望和需要有着密切的关系，利益的实现也能够给人们带来主观上的效用和满足。但是，需要本身只是利益的一个构成要素和实现的前提条件，并不是也不能等同于利益。客观论则无法区别利益与资源的差异。资源同样也是利益的一个构成要素和实现的必要前提。

关系论对利益的阐释是明确而合理的，因此可以说"利益"是

---

① 丁煌主编：《极地国家政策研究报告(2012—2013)》，科学出版社2013年版，第10页。

② 丁煌主编：《极地国家政策研究报告(2012—2013)》，科学出版社2013年版，第11页。

③ 中国大百科全书编委会：《中国大百科全书(哲学卷)》，中国大百科全书出版社1987年版，第483页。

④ 王伟光：《利益论》，中国社会科学出版社2010年版，第78页。

客体对主体存在和发展的一种肯定性关系，是主体、主体需要和满足主体需要的资源在主体行为作用下的有机统一，这种统一表现为现实的社会关系。利益主观上表现为主体需要的满足，客观上表现为主体对所需稀缺资源的占有，利益的大小取决于主体满足的程度或主体对所需稀缺资源的占有程度。它由主体、主体的需要、主体的需要所指向的对象以及主体的行为四个要素构成。这四个要素统一于现实社会之中，并以社会关系的形式表现出来。

"国家利益"的定义主要以物质主义与建构主义两种代表性观点。其中，物质主义又包括现实主义和新自由主义两种国家利益观，主要强调物质利益或利益的物质客观性；建构主义更强调主观认知对利益的界定，即国家对其利益的界定取决于对自我身份的认识，国家的身份认同又与特定的知识和文化密切相连。共有的知识和文化建构国家的身份和利益。

在吸收国内外学者研究成果基础上，结合对"利益"的解释，我们可以说"国家利益"是影响和满足一个民族国家生存与发展的合法需要，以及为了实现这种需要而对社会资源的占有、开发、利用和分配。需要是国家利益形成的自然基础，社会资源则构成了国家利益的具体内容和载体。国家利益源自于国家生存和发展的需要，这种需要在国际法构建的国际秩序的约束和规制下获得合法性，而满足这种需要的客体则不仅指向国家内部，同时也指向整个国际社会。这种关系论下的"国家利益"概念既避免了物质主义对资源追逐的无指向性，也弥补了建构主义对物质基础的过分弱化。同时，关系论也是构筑"资源—利益—政策"分析框架的基本逻辑方法。国家的生存和发展需要指向对资源的占有、开发、利用和分配，这种主观需要与资源的稀缺性相结合构成具有竞争性的国家利益，国家为获取这种利益所制订的行为规划就是政策。从这一意义上说，政策的目的在于对客观资源与主观需要之间连接能力的建构与发展。

维护和实现南极利益的前提是准确、全面地理解中国南极国家利益的内涵及其表现。中国在南极的国家利益根据南极地区的资源价值、中国的发展需要和国际环境，大致存在于科学、政治、安全、环境、经济这五个方面。

南极条约体系冻结了领土争夺，限制了矿产资源的开发，所以科学考察就成为维护一个国家在南极利益的基础，科学考察与研究是各国在南极的最主要活动，也是实现国家利益的现实手段。科学考察也是中国在南极最主要的活动，科学研究利益是中国在南极最为普遍的利益，也是确保实现政治、安全、环境、经济等其他利益的物质基础和必要条件。南极独特的自然环境、地理特征和丰富的资源使其成为具备特殊价值的科学研究平台。在气候变化、地壳运动、动植物研究等方面，南极具有无可比拟和无法替代的重要地位。南极科学的研究不仅关系我国的科学进步，而且也是提高我国在南极事务中的参与权和话语权、维护和实现国家利益的现实手段。

政治利益体现为在南极事务和治理中的影响力和地位，也即话语权。话语权直接关系到南极事务及治理的议程设置及解决方式；话语权的大小则取决于南极科学研究水平。中国在南极的政治利益主要表现为：在南极事务以及相应的全球治理问题上的参与权和话语权。参与权的获得解决了政治资格问题，话语权则决定政治利益的实现程度，话语权直接关系到全球治理中的议程设置和对议题的解决方式，从而最终影响到国家的生存和发展利益。现代话语权更加依赖科学知识的支撑，各国在全球治理中话语权的大小取决于其对相关问题的科学认识水平。因此，开展高质量的南极科学研究活动，提高科学研究和科学认识水平，才能提升中国在南极事务中的影响力和地位，维护我国的国家利益。南极是维护和提升中国在南极事务以及相关全球治理中话语权的重要舞台，也是展示一个有担当的负责任新型大国向世界作出贡献的重要舞台。

中国的南极安全利益涉及传统安全和非传统安全利益。从传统安全利益来看，南极地区的冲突将不可避免地危及中国的传统安全，甚至迫使中国在外交倾向和国家战略上作出艰难选择。① 南极

---

① 丁煌主编：《极地国家政策研究报告（2012—2013）》，科学出版社2013年版，第82页。

地区的和平与稳定有助于为我国国内建设营造一个有利的外部环境，有助于避免在外交政策和国家战略上作出艰难选择。因此，中国当前和未来的安全利益是维护南极条约体系的稳定，维护南极地区的和平，防止各国陷入争夺南极领土主权和资源权属的冲突。从非传统安全来看，中国在南极存在着环境安全利益和经济安全利益。南极环境的变化也会影响全球生态环境变化，将使中国面临更加严重的环境挑战。因此，保护南极地区的生态平衡及自然环境符合中国的国家利益。"经济安全"是指经济发展所需资源有保障和经济运行不受威胁的一种状态。确保资源供应充足是保证一个国家经济安全至关重要的前提和保障。在未来相当长的一段时间内，中国经济发展会面临人口增长迅速、资源短缺、高资源消耗型经济增长方式的发展瓶颈。南极地区丰富的自然资源和矿产资源在未来可能会成为中国缓解资源瓶颈、确保经济社会可持续发展的重要保障。

南极有丰富的矿产、海洋生物、旅游等资源，虽然目前南极矿产资源和油气资源开发暂时处于被冻结的状态，但随着工业化、城市化进程的进一步推进，世界陆地资源和近海资源逐步枯竭，深海和极地资源的开发或将被提上议事日程。作为人均资源相对贫乏，经济增长速度快，对能源和资源的需求量持续增加的经济大国，我国在南极地区的经济利益体现在南大洋生物资源的开发以及未来有可能利用南极矿产资源和油气资源可以解决我国资源短缺的问题，满足和支持未来经济社会发展的需要。

按照《南极条约》的规定，各成员国享有的南极权益可归纳为三个：即参与权、科研权、开发使用权。因此，作为条约协商国，中国的南极权益具体体现在以下三点：第一，具有南极事务的参与权。自成为南极协商国以来，中国参与了一系列的南极国际事务，参与姿态也从起初的被动跟随转为积极主动。第二，中国具有南极科研考察、考察其他国家科考站及信息交流的权利。对南极组织科学考察活动，在南极地区设立科学考察站和设置科学研究与观察装置、交流研究成果等，成为国家重要的南极权益。第三，中国具有开发使用南极特定资源的权利，包括南极海域的捕鱼权、获取南极淡水资源的权利、参与南极的生物勘探等。此外，中国的南极权益还表现为两个重要方面：一是在南极对本国公民的执法权和保护权；二是和平使用南极海域及空域的权利。①

第三节 澳、新经验对于中国的借鉴

尽管与澳大利亚和新西兰相比，在地理上中国不是南极门户国家，不具备地缘优势；在历史上，中国的南极科考与研究起步较晚；此外，在南极主权问题上，中国不是一个领土主张国，中国的南极国家利益也有所不同，但澳、新成为南极强国的经验依然可以为我国提供一些有益的借鉴。

第一，加大对南极科学研究的支持与投入，提高南极科学研究质量。澳、新两国的南极研究是高质量和国际性的，都为南极条约协商会议贡献了相当多的政策论文。科学研究的领先地位决定了新西兰和澳大利亚在南极治理方面发挥主导作用。

虽然近30年来我国在南极科考、自然科学和社会科学研究以及参与国际南极事务等领域都取得了一系列重要的成果：从1984年首次南极科考以来，我国已开展了13次南极内陆考察，其中7次为到达南极冰穹A地区的考察；开展了6次东南极格罗夫山考察和26次南大洋考察；② 在极地地质、冰川、生物、生态环境、海洋、大气、空间物理、天文、人体医学等领域的科学研究取得了重要进展；建立起以"雪龙船"，南极长城站、中山站、昆仑站、泰山站和极地考察国内基地为主体的南北极考察战略格局和基础平台；在南极建立及合作建立了2个南极特别保护区和1个南极特别管理区；陆续成为南极条约协商国组织（ATCM）、国际南极研究科学委员会（SCAR）、国家南极局局长理事会（COMNAP）等三大国际

① 陈玉刚、王婉潞：《试析中国的南极利益与权益》，《吉林大学社会科学学报》2016年第4期，第103页。

② 秦为稼：《我国极地考察事业进展与展望》，《2014中国极地科学学术年会暨中国南极考察30周年纪念特邀报告》2014年10月15日。

南极组织的正式成员国。但是，与澳、新两国相比，我国向南极条约协商会议提交的科学工作论文和信息论文数量相对落后，这直接影响到我国在南极治理问题上的参与权和话语权。

因此，做好基础性科学研究工作，提高南极科学研究质量，及时将研究成果转化为政策性建议，对内可以为我国的南极政策制定和决策提供智力支持与决策参考，对外可以在南极事务上提出方案、阐明立场，积极争夺国际优先话语权，争取南极治理的议程设置，才能在事关南极治理的诸多问题上改变在一些议题上被动应对，只有选择赞成或反对的局面，作出更加及时有效的反应，并在形势的判断方面更具前瞻性。

第二，在明确我国的南极角色定位的基础上，对我国南极战略和南极政策作总体的规划。新西兰明确将南极称为"国家资产"，新西兰以南极为纽带和桥梁与很多国家达成共识并建立了密切的合作关系。南极活动赋予了新西兰一定的国际地位和威望。对我国来说，南极问题目前不是紧迫的问题，也不是中国外交政策的优先议题，但随着我国综合国力和国际地位的不断上升，两极在整体外交战略中的地位会逐渐提升。在设定角色定位时，我们在南极事务上不应太过强调本国利益，不应让国际社会认为中国在南极的活动是以利为主、利益驱动，而应有大国担当和世界情怀，将南极和北极视为展示我国作为一个负责任、有担当的大国对世界作出贡献的平台。进一步以南极作为外交平台，在国际社会塑造中国良好的国际形象。在明确角色定位的基础上，对我国南极政策的战略目标、总体布局、基本方针等作总体的规划，发布全面阐述我国南极战略的官方文件，强调我国与其他国家在南极共同的利益与共享的价值观。对于国际社会来说，中国的国际行为随国家实力的上升变得日益强势，我国的一举一动都会引来国际关注。因此，发布南极战略符合国际关切，并有助于国际社会正面理解我国的战略思维与意图。

第三，高度重视人才培养与人才储备。澳、新实现南极国家利益的途径之一是在体系内多个机构担任领导席位。相比之下，在条约体系内的多个南极治理机构中，中国尚未获取更多的领导席位。

导致这个问题的原因之一是我国缺少具备高水平英语能力和南极科学研究及政策制定能力的专业人才。中国已经提前走近了世界舞台的中央，而各方面的准备，特别是人才的储备还远远不能满足需要。因此，培养一批具有国际视野、战略思维的高素质专门人才，加大外语能力方面的培训与投资，才能够使南极研究人员和代表们更多地参与到南极治理的各个委员会的讨论，发出中国的声音，表达我们的主张，才能维护我国的利益，提升我国在南极治理中的地位和影响力。

第四，加强与澳大利亚和新西兰的南极合作，开展、扩大南极外交。中国与澳、新两国有良好的合作基础。20 世纪 80 年代中国南极研究刚起步阶段，在新西兰、澳大利亚等南极研究水平较高的国家的帮助下，通过考察、合作研究和培训等方式，为南极科学研究和建科考站做了大量前期准备工作。

近年来，中国与澳、新两国的政治、经济关系日益紧密。目前，中国是澳大利亚和新西兰的第一大贸易伙伴、第一大进口来源地和第一大出口市场。2008 年 4 月，中国与新西兰签订双边自由贸易协定，这是中国与发达国家签署的第一个自由贸易协定，也是中国与其他国家签署的第一个涵盖货物贸易、服务贸易、投资等多个领域的自由贸易协定。2011 年 4 月，中国人民银行与新西兰央行在北京签署金额为 250 亿元人民币的双边本币互换协议，以加强双边金融合作，促进两国贸易和投资。2012 年 3 月，中国人民银行与澳大利亚央行签署规模为 300 亿澳元的双边本币互换协议。①在政治关系方面，中澳、中新双边关系不断巩固，战略互信与合作加强。中、澳分别于 2008 年、2013 年启动了"首轮战略对话"和"首轮外交与战略对话"，这标志着两国从地区关系大局出发，共同谋求以长远的眼光开展合作，努力构筑互信合作的战略伙伴关系。中、新两国的高层交往频繁，政治关系稳固发展。在 2000 年至 2013 年期间，中国党和国家领导人 22 次访问新西兰；新西

---

① 祁怀高：《中国崛起背景下的周边安全与周边外交》，中华书局 2014 年版，第 344 页。

兰国家领导人 11 次访华，在此期间其中前任总理克拉克 4 次访华，现任总理约翰·基 3 次访华。① 中国将新西兰视为南太平洋地区互尊互信、互利合作的好伙伴，新西兰政府同样高度重视与中国的双边关系，并于 2012 年推出了《中国战略报告》，提出 2015 年双边关系将要达到的五大目标，努力推动两国关系向前发展。

因此，可以在政经关系稳步推进的基础上加强南极合作交流，开展、扩大南极外交。我国可以与澳、新建立或增加合作科研项目、加强人才交流培养，学习对方的组织架构、研究内容、研究方法、研究成果形成与转化、人才培养；也可以在后勤保障、气候变化等方面实现优势互补和互利合作，同时拓展南极旅游和教育等领域的合作。以南极合作为纽带开展和深化与澳、新的南极外交有利于进一步建立联系和互信，增进了解；也将有利于中澳、中新"全面战略伙伴关系"的建设，其重要性不言自明。

第五，新西兰和澳大利亚都形成了一套权责明晰、分工明确、协调有序的南极事务管理和研究机制，由政策制定部门、研究机构及民间社会组织相互合作、协调执行南极政策和南极活动。我国现有的极地事务管理和研究体制存在横向松散、纵向边缘化的不足，尚未形成一支固定的专业化队伍，协调整合能力较弱。② 因此，需要参考澳、新的经验，加强极地行政主管部门的管理职能和权限，健全与政府相关部委之间的协调合作机制，理顺南极研究和管理体制；在研究层面，以国内的研究机构和高等院校为阵地，扩大极地自然、社会科学的研究网络；同时在社会层面进一步提高极地事务的社会开放性和公众参与度，力争使全社会都关注南极事务，树立起维护我国南极权益的意识。

---

① 祁怀高：《中国崛起背景下的周边安全与周边外交》，中华书局 2014年版，第 345 页。

② 秦为稼：《我国极地考察事业进展与展望》，《2014 中国极地科学学术年会暨中国南极考察 30 周年纪念特邀报告》2014 年 10 月 15 日。

第六章　中国参与南极治理的
国际合作战略研究

作为地球上最寒冷、风暴最多、最干燥的大陆，南极特殊严酷的自然环境和遥远的地理位置使得大多数国家极难凭借一国之力开展科学考察和研究工作。南极治理与其他全球气候、环境、生态变化等跨越边界的问题一样，需要全球各个利益攸关方通过建立有效的国际合作和治理机制才能有效解决。现行的南极条约体系作为统领南极治理的国际法框架，其主要的法律文件均规定了国际合作是南极国际治理的基本原则。

积极开展双边、多边南极国际合作，全面参与南极事务可以化解我国南极科考与研究起步较晚与南极事务参与程度不够的困局，也是推动和提升我国参与南极国际治理的有效途径。本书试图厘清中国参与南极合作的历程与实践，分析当前和今后南极合作对于中国参与南极治理的重要性及必要性，进而讨论提升和拓展中国南极国际合作的路径。

第一节　中国参与南极治理的
国际合作历程与实践

一、中国南极国际合作的历史与现状

我国对南极事务的关注和兴趣始于 20 世纪 50 年代。1955 年，中国政府表达出参与 1957—1958 年国际地球物理年（International Geophysical Year, IGY）的意愿，但因中国台湾也获邀参与其中，为

避免出现"两个中国"的问题，最终退出了此次活动。1964 年我国开始筹备南极科考，成立国家海洋局，指导南北极考察工作。此后，由于国内外环境的制约，南极科考事业一直处于搁置的状态。直到20 世纪 70 年代末期，随着"文革"结束，国际环境的改善，国家海洋局重提"登上南极洲"的目标，各项准备工作才又重新开启。

国际合作是现代南极考察的主要形式，我国的南极考察事业创业初期就坚持走国际合作的道路。在当时各项事业百废待兴，南极考察所需的经济、技术等条件相对落后的情况下，我国通过"请进来、走出去"的国际科技合作，在较短时间内快速提高了南极科研水平。1978 年，中国首次与智利商谈两国在南极渔业、海洋调查、地质测量、卫星勘探等领域开展合作研究的可能性。1979—1980年科考季，董兆乾和张青松两位科学家受邀参加了澳大利亚南极科考活动，对澳大利亚、美国、新西兰考察站的后勤保障、建筑工程、通信和特殊仪器装备进行了详细的考察，还进行了气象、地质、生物等学科的现场观测取样，获取了我国第一批南极数据和样品。1981 年，国家南极考察委员会的成立①进一步增进了中国与其他国家同行之间的合作交流。其最初的工作就是：派出科学家参与友好国家的南极考察，开展国际交流与合作，为我国组队考察及建站作准备，并争取加入"南极条约"和"南极研究科学委员会"。至 1983 年年底，中国已有 35 名科学家参与了他国组织的南极科考活动或前往别国南极科考站进行实地考察。② 在派出人员赴已建站和南极科研水平较高的国家进行考察、合作研究和学习南极科研、考察站管理、基地建设、后勤支援的同时，中国也积极邀请外国专家来访，介绍南极科考、后勤保障、组织管理等方面的经验体会，商谈考察协作项目，并向中国南极考察队提供培训。这些早期的南极科学交流与合作为 1984 年我国首次南极科考和 1985 年首个南极考察站的建立积累了宝贵的经验。

---

① 1994 年国家南极考察委员会撤销，其办事机构更名为国家海洋局南极考察办公室。

② Wei-chin Lee. China and Antarctica: So Far and Yet so Near. Asian Survey, 1990(6): 580.

20 世纪 90 年代初，随着国际局势的剧变，我国开始奉行"韬光养晦，有所作为"的对外战略方针，南极科学考察也相应地从以"建站、升旗"为主的维权阶段调整为以科学考察和研究为主的巩固阶段。中国极地研究所①与澳大利亚南极局、新西兰国际南极信息和研究中心、美国新罕布什尔大学、日本国立极地研究所等国外极地研究机构在高空大气物理学、冰川学、海冰区生态学、极地信息管理等领域进行了广泛合作研究、学术交流及人员互访。90 年代，中国已与大多数从事南极科考的国家建立起双边和多边合作关系，合作交流的内容已从 80 年代的组队、建站、后勤发展到冰区航行、房屋结构、供应标准和人员培训的内容与方法以及共同实施南极科学研究计划。

21 世纪以来至 2015 年，中国已与主要的南极考察国家签署了双边合作协议，在多边合作层面则基本与所有南极考察国家和国际组织在南极治理、科研后勤等多方面都有合作。这阶段的南极国际合作具有两个特点：首先，更积极主动地参与南极科研和事务层面的国际合作，全面扩大我国在国际南极治理中的影响力。南极条约协商会议（Antarctic Treaty Consultative Meeting，ATCM）、南极研究科学委员会（Scientific Committee on Antarctic Research，SCAR）和国家南极局局长理事会（Council of Managers of National Antarctic Programs，COMNAP）是管理南极科学和事务的三大组织。2002 年 7 月，中国上海承办了第 27 届 SCAR 大会和第 14 届 COMNAP 会议，共有 40 多个国家和国际组织的 500 多名科学家、南极事务官员参加。这既是 21 世纪第一次南极事务和科学研究的交流大会，也是我国首次举办的国际南极事务最高层次国际性会议。

由于南极科考起步较晚，中国未能参与历史上的三次国际极地年。② 2007—2008 年，中国不但积极参与了第四个国际极地年，还制订、执行了中国行动方案，开展国际合作：中国科学家和极地

① 1989 年 10 月成立，2003 年更名为"中国极地研究中心"，是我国极地科学的研究中心、业务中心、信息中心。

② 国际极地年是全球科学家共同策划、联合开展的大规模极地科考活动。前三次分别是 1882 年、1932 年、1957 年。

考察设备参加他国和国际组织牵头的核心计划，为参与中国行动计划的他国科学家提供必要的保障条件；举办和参加开展极地研究和考察保障协调与交流的相关国际会议。①

其次，更有针对性、更全面地推动与南极"标杆"国家之间深入、务实、紧密的南极合作。从 2010 年第二轮战略与经济对话开始，中美两国就将深化极地事务合作纳入成果清单中，并于同年起开展中美海洋法和极地事务对话。2014 年 11 月，习近平主席访问澳大利亚、新西兰之际，分别与澳、新签署了南极和南大洋双边合作谅解备忘录、国家海洋局与塔斯马尼亚州政府南极门户合作执行计划和中新两国政府关于南极合作的安排。中澳两国将优先推动科学合作和环境保护合作，共同支持进入东南极并开展科研作业、海冰预报等领域的合作；还将专门成立南极与南大洋合作联合委员会，作为执行谅解备忘录的合作内容、决定并协调合作活动的机构。塔斯马尼亚州政府与国家海洋局之间将在船运服务、航空支持与服务、人员交流等领域建立合作关系。② 中新双方则将加强在南极科研、环境保护、后勤支持、南极事务等领域的合作，共同应对全球气候变化对南极的威胁。③

二、中国参与南极治理的不足与困境

中国参与南极治理在实践中面临一些困境，例如：地理上，中国地处北半球，不具备地缘优势，因而无法像南极门户国家一样，使用"地理邻近性"或"地质连续性"等概念解释或论证其参与南极治理的合理性；历史上，中国的南极考察提出于 20 世纪 50 年代，

---

① 参见国际极地年中国行动委员会：《国际极地年（IPY）中国行动计划简介》，《极地研究》2007 年第 1 期，第 77 页。

② 国家海洋局：《中澳双方签署谅解备忘录及合作执行计划》2014 年 11 月 18 日，http://www.soa.gov.cn/xw/ztbd/2014/xlhww/xwzx_xlh/201411/t20141119_34113.html。

③ 国家海洋局：《在两国领导人共同见证下，中新签订政府间南极合作协议》2014 年 11 月 20 日，http://www.soa.gov.cn/xw/hyyw_90/201411/t20141120_34140.html。

酝酿于 60 年代，起步于 80 年代，全面开展于 90 年代，比 19 世纪下半叶至 20 世纪初，英国、德国、挪威、比利时、澳大利亚、日本等国相继派出大型考察队，纷纷挺进南极开展探险和科考活动的"英雄时代"①晚了近一百年，是南极事务的"迟来者"。

由于缺少邻近南极的地理位置和与南极悠久的历史联系，我国无法像早期的领土主张国一样依据"发现""先占"或"扇形原则"对南极大陆提出领土主权要求，也就无法基于领土主张对相应的南极附属海域提出海洋主权的要求。而从 2004 年开始，澳大利亚、英国、挪威、阿根廷、新西兰、智利、法国等南极主权要求国依据《联合国海洋法公约》，先后分别提出"领海""毗连区""专属经济区"以及 200 海里外大陆架划界案的声明和申请。虽然根据《南极条约》核心条款第四条"主权冻结原则"的规定，上述国家提出的陆地和海洋主权要求缺乏基本的法律基础，所以是无效和非法的；②但这样的做法无疑彰显和强化领土主张国的地位，一旦未来南极条约体系失效或发生重大变化，这些国家就可以在潜在的资源、领土争夺战中抢占先机，那么"我国在南极实现国家利益的范围就会急剧缩减"③。

我国南极科技实力深受"起步晚"的影响，与南极考察和研究的先进国家相比差距仍然存在。具体表现在以下三个方面：

在科研产出方面，由于南极研究历史较短，整体研究实力不高，暂时位于南极研究第三阶梯的国家中，④ 仅在冰川冰芯与古气

---

① 在这一时期，人类先后到达南磁极和南极点，涌现出了许多可歌可泣的探险英雄。因此被称为南极探险史上的"英雄时代"。

② 参见陈力：《论南极海域的法律地位》，《复旦学报》（社会科学版）2014 年第 5 期，第 150~160 页。

③ 丁煌主编：《极地国家政策研究报告（2013—2014）》，科学出版社 2014 年版，第 94 页。

④ 利用 Web of Science 这一汇集全世界最重要会议论文、最核心的期刊论文数据库，通过对各国 1999—2008 年的南极论文量和引文分析，中国在所选取的 32 个国家中排名第 19，属于发文量与论文质量差异显著的国家。参见常李艳等：《通过国际南极论文分析南极研究现状》，《极地研究》2010 年第 2 期，第 174~188 页。

候、地址测绘、海洋古气候、极地陆地环境等少数研究领域有国际顶级期刊的论文发表，开始进入国际先进水平。① 南极科技可持续发展能力与较早涉足南极科考活动的美国、俄罗斯、英国等国相比，存在极地科技管理体制由政府主导、社会参与不够活跃、研究资金投入远不能满足研究需要、人才队伍建设缺乏制度支撑等问题。② 在科考站点建设、硬件设备投入和后勤保障人员等南极科考支撑能力方面与南极科技强国美国和阿根廷、智利、澳大利亚等具备地缘优势的国家之间差距较为明显。③

自 1959 年《南极条约》规定南极用于"和平与科学"的目的之后，科学研究就被各缔约国视为南极活动的"通行证"，也是话语权和影响力的关键支撑。开展南极科学考察和研究成为条约成员国扩大、提升自身在条约体系内地位和影响力的最主要方式。一个国家只有在南极科研方面处于领先地位，才能在国际南极事务中获取"话语权"，才能达到维护自身国家利益的政治目标。南极科学研究的相对落后直接制约着中国参与南极治理的话语权和影响力。

与此同时，西方世界对中国崛起的普遍担忧也成为制约我国进一步参与南极治理的困境。中国快速发展的经济、军事实力，对外部资源和能源不断增加的依赖使得国际社会以"中国威胁论"的偏见和猜疑看待我国的南极活动和南极存在。较具代表性的舆论是：认为为确保自身经济社会的发展，中国对南极的资源及其开发的可能性极其感兴趣，作为新兴军事大国，可能利用南极地面站的情报侦察系统收集相关情报等。上述这些疑虑有可能使得一些友好国家在支持或参与中国南极科考活动和双边的交流与合作等问题上改变

---

① 1990—2010 年，国际顶级科技期刊《自然》(*Nature*)、《科学》(*Science*)、《美国科学院院报》(*Proceedings of the National Academy of the Science of the USA*)总计发表极地科技论文 753 篇，其中国论文数 6 篇，排名第 13 位。

② 参见丁煌主编：《极地国家政策研究报告(2013—2014)》，科学出版社 2014 年版，第 160~170 页。

③ 参见丁煌主编：《极地国家政策研究报告(2013—2014)》，科学出版社 2014 年版，第 141~150 页。

立场，持保留态度，进而影响我国参与南极国际事务的广度与深度。国际合作既是国际法的基本原则，又是《南极条约》的基本内容，也是消除我国参与南极治理不利因素的有效途径。

第二节　中国参与南极国际合作的目的与意义

一、回应质疑、消除疑虑，创造有利的国际舆论

"十二五"期间是中国南极考察和研究发展壮大、建成"极地大国"的关键阶段。随着 2014 年 2 月泰山站在伊丽莎白公主地的建成，2015 年 1 月第五个科考站在维多利亚地难言岛选址工作的完成，我国南极考察的主要区域从边缘地区继续向南极内陆①和周边重要海域②扩展。考察范围的扩展有效地增强了我国在南极的实质性存在；"十二五"时期南极考察能力建设也全面进入陆、海、空立体发展的新阶段：根据南极特殊地形和环境自行设计制造的新型极地科考运输救援车将出征第 32 次南极科考。由我国自行建造、具备艏艉双向破冰能力的破冰船，预计 2016 年正式下水，届时将与"雪龙号"一起组建极地破冰考察船队，同时实施南北极多学科综合考察；2015 年 3 月购置的 BT-67 固定翼飞机航程大，载重大，速度快，可以使科考队员和物资快速进入南极内陆，进一步拓展在内陆纵深大空间区域的考察范围。

与此同时，大量言论和事实显示，扩大的南极存在和南极活动正日益引发外界对中国意图及南极利益的关注、猜测，其中不乏质疑与担忧的声音。近年来，中国南极活动是以利为主、受利益驱动的言论甚嚣尘上，竟逐渐演变成国际社会的主流认知。2015 年 1

---

①　伊丽莎白公主地位于东南极拉斯曼丘陵和冰穹 A 之间，处于南极内陆地区。

②　难言岛位于南极罗斯海岸边，罗斯海是南极海域浮冰较少、最容易接近的边缘海之一，也是历史上考察船队进入南极大陆的传统航路。

月 31 日英国《经济学人》文章称，中国在南极的长期利益在于资源；① 2015 年 1 月 20 日澳大利亚广播公司"7·30"节目宣称，丰富的石油、天然气和矿物资源是中国开展南极考察的主要原因。中国的官方和学界都认为，中国必须在潜在的南极资源开发利用中占有一席之地，以确保未来经济社会发展的需要；② 2015 年 5 月 4 日《纽约时报》中文网文章《中国战略利益伸向南极》引用学者观点，认为"中国寻找矿物资源的兴趣是对南极洲投资的主要原因"③。

有必要说明的是，上述"资源利益驱动论"的来源主要出自新西兰的"中国通"学者 Anne-Marie Brady④。由于统领南极治理的南极条约体系早已成型，相较于北极，南极的国际关系和国际法处于相对静止的状态。所以在整个国际学术界，长期关注、专门研究南极政治、法律的学者屈指可数；在这其中，通晓中国政治，又用英文写作的学者更是凤毛麟角。在此情况下，Anne-Marie Brady 的观点和言论备受重视，被英文媒体频繁引用。

1991 年通过的《关于环境保护的南极条约议定书》明确禁止 2048 年前在南极地区进行一切商业性矿产资源开发活动。作为缔约方，我国始终维护也无意挑战议定书的规定。国际舆论对我国参与南极事务长期意图的误读和歪曲与我国南极政策和官方立场文件的"缺失"密不可分。由于南北极暂时不是中国对外战略优先考虑的地区，因此我国尚未形成一个系统、全面的南极政策官方文件。但就更宏观的层面而言，国际社会对中国南极活动的猜疑也与国际秩序转型加速和中国崛起的大背景不无关系。2008 年金融危机以

---

① The Economist. "The southern continent hots up". http：//www. economist. com/news/international/21641239-southern-continent-hots-up-core-values.

② Michael Atkin. "China's interest in mining Antarctica revealed as evidence points to country's desire to become 'Polar Great Power'". http：//www. abc. net. au/news/2015-01-20/chinas-desire-for-antarctic-mining-despite-international-ban/6029414.

③ 《中国战略利益伸向南极》2015 年 5 月 4 日，http：//cn. nytimes. com/china/20150504/c04china/.

④ 中文名安琳，坎特伯雷大学政治系教授。2008 年开始关注极地问题，2009 年创办极地社科人文类学术期刊 The Polar Journal。

后，西方主导的国际体系与秩序发生了历史性的权力结构转型，新兴经济体呈现出群体性崛起之势。① 从经济实力和国际影响力来看，中国在新兴国家中居于首位，目前是世界第二大经济体。综合国力的迅速提升和国际体系转型的加速将中国推向了国际舞台中心；同时，中国的崛起又冲击着现有的政治、经济格局，会引起各国的关注和本能性反应。② 在此背景下，中国在南极的一举一动都会引发关注和质疑，因此也就不难理解为何国际舆论会认为，中国不断增加的极地活动可能会对其他国家的南极利益和现有的南极治理机制构成挑战。

积极开展国际合作，全面参与南极治理可以表现我国对南极条约体系和南极治理机制的认同、遵守和建设的基本态度，有助于回应国际舆论的质疑，消除国际社会对我国参与南极事务的误解。具体而言，官员、学者、相关从业者可以在官方合作、学术合作和民间合作等多层面的国际合作交流平台阐明我国参与南极治理的基本立场，解释我国正当、合法的南极权益，并且旗帜鲜明地宣示：作为协商国，中国理所应当是现有条约体系的积极遵循者、维护者，同时也是现存南极国际治理机制的参与者和合作者。现行的条约体系能够有效实行南极治理并保障中国的国家利益，支持条约体系是实现我国利益最有效的途径。因此，中国的南极活动和南极存在不会挑战条约体系的规定，也不会威胁其他国家的南极利益。这样才能够有力地回答中国参与南极治理意图及动因等问题，从而有效消除诸如"资源利益驱动论"等言论的不利影响。

二、提升"话语权"，扩大南极"软存在"

积极参与国际合作有助于全面提升中国在南极治理事务上的影响力，具体表现为话语权的提升和软存在的扩大两个层面。要进一步提高中国在南极治理中的话语权，除了以自然科学研究为关键支

① 参见蔡拓：《中国如何参与全球治理》，《国际观察》2014 年第 1 期，第 2 页。

② 参见蔡拓：《当代中国国际定位的若干思考》，《中国社会科学》2010年第 5 期，第 123 页。

撑之外，还需要加强社会科学与人文学科对于南极治理普遍性问题的研究和综合性的研究。国内既有的南极软科学研究①不但相对滞后，而且多以介绍、论述为主，其新意仅在于从中国视角出发，讨论国外经验的启示、借鉴或中国的应对之策，研究出发点和落脚点都着眼于中国的国家利益。表达和追求正当的国家利益固然是合理的，因为国家利益是构成所有国家行为的基本出发点和基本依据，并且决定国家的基本需求、具体的国家目标与政策取向。② 然而，所谓全球治理，是以人类整体论和共同利益论为价值导向，通过具有约束力的国际规制解决全球性的问题，以维持正常的国际政治经济秩序。③ 南极治理作为全球治理的重要组成部分，它所具备的全球治理的特性，即其治理客体例如气候环境变化等议题也是人类共同面临的跨越边界的全球性问题的缩影，也相应地决定了参与南极治理需要在追求本国正当利益的同时，同样应以"人类整体论"和"共同利益论"为价值导向。因此，对于南极软科学的研究而言，则应该具有国际视野和世界情怀，不局限于"中国视角"和"国家利益"，而是需要更加深入、细致地研究南极治理中的普遍性的问题，提供世界性的知识，在关乎当代与未来的生物勘探、南极旅游、南极海域法律地位等亟待解决的南极治理议题上提出自己的见解和主张。唯有破除"自我中心主义"，大力开展南极研究国际合作，设置联合研究课题，加强中国学者对南极治理各个议题的综合性研究，才能在南极事务上获得一定的话语权。

除了科考活动、考察站及相应的支撑保障体系等"硬存在"外，更具战略意义的南极软存在方式是，积极参与和构建南极双边、多

---

① 国内学者的研究大致可分为三大类：第一类是介绍相关国家的南极政策以及参与南极事务的经验；第二类是讨论南极治理中的具体问题，例如环境保护和资源开发利用问题、法律与政治的问题；第三类是讨论南极治理机制的历史演变、现状与发展前景。

② 参见李少军：《论国家利益》，《世界经济与政治》2003 年第 1 期，第 4 页。

③ 参见俞可平：《全球治理引论》，《马克思主义与现实》2002 年第 1 期，第 25 页；参见蔡拓：《全球化与政治转型》，北京大学出版社 2007 年版，第 288 页。

边国际合作机制，加强与南极条约协商国①在科学研究、后勤保障、南极教育、旅游等领域的国际合作，从而维护和扩大中国外交存在；通过开展南极外交，增进更多共享利益，在中国关切的议题上凝聚共识，进而推动中国提交到南极条约协商会议的"工作文件"②和"信息文件"③上升演变为具有约束力的法律文件，④ 以此来推动南极治理新议题的设立，在议程设置方面发挥导向作用，从而在条约体系演化过程中发挥影响力。

一国向南极条约协商会议提交工作文件的数量直接决定着其在条约体系内政策影响力和话语权的大小。我国早在 1985 年就成为协商国，但直到 2005 年才提交了第一个工作文件。截至 2011 年，中国提交或参与提交过的文件一共只有 48 个，其中形成法律文件的更少。这也说明了中国影响条约体系内议题设置的能力、针对某些议题提出建设性意见的能力非常有限。因此，需要在夯实南极科学研究的基础上，以国际合作的方式全方位多层次地开展南极外交，在争夺话语权和争取议程设置方面彰显积极而有影响的存在。

第三节　中国南极国际合作提升与拓展的路径

在当前从极地大国迈向极地强国的全新历史阶段起点上，南极

---

① 目前，有实力在南极建站、开展科考活动的国家都已成为条约协商国；而在协商国以外的缔约国，有的不具有地缘优势，有的则不具有参与南极事务的实力，因此在南极治理中所具有的影响力和发言权甚少。所以我国应重点与协商国开展南极合作。

② 工作文件由协商国提交，其中所涉及的问题将在协商会议上讨论并采取行动。

③ 信息文件是由协商国或观察国、非协商国或专家提交的，与会议所讨论的工作文件相关的支持文件。

④ 南极条约体系的决策机制是以协商国为决策主体，采用南极条约协商会议的形式，通过"协商一致"的表决方式，形成具有法律效力的措施、建议、决定。

国际合作对我国参与南极治理的重要性不言而喻，提升与拓展的路径可重点考虑以下三方面：

一、深度构建南极利益共同体

全方位扩大与参与南极治理的各国之间的国际合作，增进彼此之间的互信和认同感，构建多方面、多领域、多层次的南极利益共同体。当前和未来我国对外战略的根本走向是和平发展道路，在这一进程中，需要全方位地同一切相关国家和地区逐步构建"利益汇合点""利益共同体"，将中国人民的利益与世界各国人民的共同利益结合起来，推动实现共同和平发展。构建"利益共同体"的理念，已成为中国政府的重大战略方针，也是和平发展道路进一步具体化的一个重要取向。① 落实到南极国际合作的领域，中国对南极治理的主张要充分体现和强调"人类利益共同体""人类命运共同体"等"具有道德性、伦理性意味的观念"，② 要用国际通用的话语体系使国际社会知晓南极治理离不开中国的参与，中国遵守《南极条约》各项法律文件的规定，并且愿与各国一起维护条约体系的稳定，从而减轻外界对我国参与南极事务的疑虑。

具体而言，需要在深入分析不同类型国家在南极地区利益关切和优先关注议题的基础上，深化与对象国之间的利益汇合点，进而强化利益纽带，达到合作共赢的目标。以中国与澳大利亚和新西兰等南极周边国家的南极合作为例，澳、新所在的"南太平洋地区是中国东南部周边的战略延伸地区"③，维护和发展与澳大利亚和新西兰这两个地区领军国家的友好关系是确保中国海上安全的关键所

① 参见郑必坚：《中国和平发展道路与构建利益共同体》2013 年 3 月 24 日，http：//cpc. people. com. cn/n/2013/0324/c64102-20894486-3. html.

② 程保志：《北极治理论纲：中国学者的视角》，《太平洋学报》2012 年第 10 期，第 70 页。

③ 祁怀高、石源华：《中国的周边安全挑战与大周边外交战略》，《世界经济与政治》2013 年第 6 期，第 44 页。

在，也是未来十年中国在南太平洋地区践行"大周边外交战略"①的重点内容。目前，中国是澳大利亚和新西兰的第一大贸易伙伴、第一大进口来源地和第一大出口市场；中澳、中新双边关系不断巩固，战略互信与合作加强。②

因此，我国应在政经关系稳步推进的基础上，与澳、新两国在以下三个层面加强和开展南极合作。第一，在南极科学、环境和安全方面巩固利益共同体。中国和澳、新两国在南极拥有共同的科学、环境、安全利益。科学考察是中国在南极最主要的活动，南极科学研究是提高中国在南极治理中的参与权和话语权的现实手段；南极环境的变化会影响全球生态系统，也会使中国面临严峻的环境挑战。保护南极地区的生态平衡和自然环境符合我国利益；南极的和平与稳定有助于为我国营造有利的外部环境，避免在外交政策和国家战略上作出艰难选择。③

中国与澳、新有良好的合作基础，20世纪80年代中国南极研究刚起步阶段，就是在新西兰、澳大利亚等南极研究水平较高的国家的帮助下，通过考察、合作研究和培训等方式，为南极科学研究和建科考站做了大量前期准备工作。澳、新两国长期以来都对中国南极科考给予支持和帮助。"雪龙号"科考船每年在前往南极时都会停靠在新西兰基督城港口或澳大利亚霍巴特港进行后勤补给。

中国和澳、新的南极考察均长期致力于大气与气候变化、南大洋生态系统、人类活动对南极产生的影响等领域的科学研究。中国

---

① "大周边"的概念是相对于"小周边"而言。后者是指与中国领土领海直接相邻的国家和地区；而前者的地理范畴则超越了传统的地理范围，其范围界限的界定参考了三个因素：最大程度上有利于巩固中国地缘战略依托、要考虑中国自身实力以及对周边的有效影响力、实施周边外交的成本与收益。基于上述三个因素，南太平洋地区应纳入中国"大周边"外交视野中。参见祁怀高、石源华：《中国的周边安全挑战与大周边外交战略》，《世界经济与政治》2013年第6期，第44页。

② 近年来中国与澳、新政治、经济关系的发展详情参见祁怀高等：《中国崛起背景下的周边安全与周边外交》，中华书局2014年版，第342~354页。

③ 参见丁煌主编：《极地国家政策研究报告（2012—2013）》，科学出版社2013年版，第82页。

将"加强在南极冰盖上进行冰架、海洋—海冰相互作用等领域的科学考察，为气候、环境等重大问题的研究作出积极贡献"①。澳、新的南极考察历史悠久，在南极海洋生态系统、海洋资源保护、渔业等方面进行了深入的研究。可在上述领域深度构建利益共同体，共同保护气候环境，促进人类社会可持续发展。

第二，在联合科研、专业人才培养、气候变化等领域进行互利合作，实现优势互补。澳大利亚和新西兰具有高质量的南极科学研究成果，两国都是协商国中向协商会议提交政策论文数量领先的国家，在南极条约体系内具有较高的政策影响力。但财政赤字是制约澳大利亚南极科学研究及考察的最大掣肘。2013 年 12 月，政府报告预计，"未来 10 年内都将维持财政赤字状态，总债务预计将增至 6670 亿澳元（约合 5969 亿美元）"②。在财政困难的情况下，2014 年澳大利亚环境部计划在未来四年将其预算从 4.6 亿澳元大笔削减至 3.61 亿澳元。③ 相应地，环境部也将削减其所属南极局的研究经费预算。由于政府是极地科考活动的主要投资者，在资金援助上发挥主要作用，因此政府撤资将对南极科学研究造成很大的负面影响。同时，财政紧缩也使澳大利亚在南极的科考活动降至历史最低位。④ 全球经济危机和 2010 年、2011 年两次大地震对新西兰经济造成了严重影响，财政困难也随之影响了南极科研资金的投入。我国则具有较强的科研能力和资金，近几年来极地专项经费支撑有了较大提高，"从 2011 年的 4 千万增加到 2012 年的 1.2 亿和 2013 年的 1.12 亿"⑤，现有的科学预算是澳、新的两倍以上，但

① 孙安然：《开创中新极地领域合作新局面》，《中国海洋报》2013 年 4 月 25 日。

② 王小舒：《澳政府报告显示未来财政状况不乐观》2013 年 12 月 17 日，http：//news. xinhuanet. com/world/2013-12/17/c_118596391. htm。

③ 段歆涔：《澳南极研究经费遭官方削减，科研发展岌岌可危》2014 年 4 月 15 日，http：//scitech. people. com. cn/n/2014/0415/c1007-24897250. html。

④ http：//www. oeofo. com/news/201410/21/list84622. html。

⑤ 吴军：《极地专项进展及阶段成果》，"2014 中国极地科学学术年会暨中国南极考察 30 周年纪念"综合报告，2014 年 10 月 15 日。

南极科学产出不强。与澳、新建立或增加合作科研和考察项目，可以提升自身研究能力和成果形成、转化能力，同时也可解决澳、新两国可持续发展的科研经费不足问题。

澳大利亚和新西兰已在南极研究科学委员会、环境保护委员会、国家南极局局长理事会等条约体系内多个机构中获得领导席位，有效地维护了本国南极利益；而我国现有的极地专业人才整体存在"基数小，分散度大，边缘化，竞争力不强，吸引力不够"①的问题，在国际南极治理机构中尚未发挥领导性作用。与澳、新开展专业人才的联合培养，加强专业人员的英文能力和南极科学研究及政策制定能力，可以使我国极地专业人员更多地参与国际南极治理，表达中国的主张。澳、新均是距离南极最近的国家之一，气候变暖引起的南极冰融、海平面上升等问题关乎其存亡。我国则具有世界领先的海洋监测预报技术，可以在海洋防灾减灾和海平面上升问题等方面为两国提供技术帮助和支持，共同应对全球气候变化。②

第三，在南极旅游、教育等方面拓展合作空间。中国目前保持澳大利亚和新西兰第一大海外留学生来源地和第二大游客市场的地位，2015年下半年又首次超越新西兰成为澳大利亚最大的游客来源国。随着中国与澳、新"全面战略伙伴关系"的新定位和双边贸易的蓬勃发展，中国公民求学、旅游的市场还有很大的发展潜力。尤其是近期中国与澳、新之间的往返航班配额数量大幅增加，中新之间每周运营的双边航班数量翻番，从各21班次增加到各42班次，③航空的便利将进一步推动中国公民赴澳、新，因此双方在南极旅游和教育领域合作前景十分广阔。澳、新可以利用临近南极的地利之便针对中国游客大力推广南极特色旅游项目，也可以利用南

---

① 秦为稼：《我国极地考察事业进展与展望》，"2014中国极地科学学术年会暨中国南极考察30周年纪念"特邀报告，2014年10月15日。

② 参见何柳：《新西兰的南极政策与中新南极合作》，《国际论坛》2015年第2期，第49页。

③ 宿亮：《新西兰和中国间航班配额翻番》2014年11月26日，http：//news. xinhuanet. com/fortune/2014-11/26/c_1113418621. htm。

极教育方面得天独厚的优势为中国从事南极法律、政策和管理工作的专家、学者、学生提供专门的南极研究课程、开设讲习班、研修班。

二、重视亚洲南极事务合作机制的建设

中国作为参与南极治理的后来者，要在南极条约体系内做到先融入再修正规范，提供具有突破性的制度供给，实属不易，因为改变"游戏规则"意味着改变一种制度的规范或意识形态。而在一个成熟的制度里，其管理规范、意识形态如何改变的规程，也即"规则的规则"是高度保守的，很难轻易改变。① "国际范围更多存在的、相对容易的，是比较小的倡议、次领域的安排、局部的创新"②，所以积极构建区域南极合作机制，在制度供给层面或资金、技术等实物层面为亚洲国家参与南极治理提供援助，对彰显我国作为区域大国的责任具有重要意义。

至2015年，《南极条约》已有的53个缔约国中，亚洲国家仅有8个：中国、日本、韩国、印度、朝鲜、马来西亚、蒙古和巴基斯坦。其中只有中、日、韩、印四国是南极条约协商国。③ 亚洲国家普遍不具备参与南极治理应有的地缘和历史优势，在20世纪50年代国际地球物理年和华盛顿会议讨论南极大陆治理架构的时候，多数亚洲国家还处在争取民族独立或解放的阶段，既无实力也无暇顾及南极事务。到20世纪下半叶，亚洲国家出于战略、资源利益和维护国家声誉等因素的考虑，开始重视南极事务。早期印度、马来西亚等国曾提倡在联合国管辖下建立新的南极治理机制，依据"人类共同继承财产"的原则照顾更多发展中国家的利益。但在南极国际化倡议失败，尚无能力挑战现行南极体系的情况下，逐渐改

---

① Alastair Iain Johnston. Is China a Status Quo Power? International Security, 2003(4): 24.

② 王逸舟：《用国际贡献赢得世界认同》2008年10月25日，http://world. huanqiu. com/roll/2008-10/250299. html。

③ 根据南极条约秘书处公布的最新缔约国、协商国信息统计，http://www. ats. aq/devAS/ats_parties. aspx? lang＝e。

变立场，积极扩大与协商国的科学合作，参与南极科考研究，加入南极条约，以执行维护南极条约体系的方式来维护实现本国南极利益。①

根据《南极条约》的规定，只有在南极建立科考站或派遣科考队开展实质性科学研究活动的《南极条约》缔约国才能成为协商国，才有资格对南极条约协商会议（Antarctic Treaty Consultative Meeting，ATCM）上的各项措施和决议进行表决。由于 ATCM 采用协商一致的方式进行表决，实际上就赋予了协商国对南极事务的决策权。对大多数亚洲国家而言，建考察站和南极科研所需的高昂成本有效地将其排除在条约体系之外，使其无权参与并决定南极事务。然而环境保护、旅游、非法捕鱼等南极治理议题需要更多亚洲国家参与其中，原因有如下几点：首先，南极地区不存在主权归属，与外空、深海海底同属"全球公域"范畴，所有国家理论上都有权涉足南极。其次，南极环境与气候变化与所有国家息息相关，扩大南极条约体系的成员国数量将会使保护南极环境成为主流认知。再次，鉴于南极条约体系无法约束非缔约国人员或公司在南极的活动，因此吸纳更多亚洲国家加入条约体系，可以有效控制或惩罚南大洋非法捕捞船只，② 有效管理南极旅游人员的活动。③

在实践中，以"建站"作为"从事实质性科研"的硬指标似有不合理之处，一些国家的科考站实质是为了扩大"南极存在"的占地行为或具有军事目的，并非真正用于科学研究，而且密集的考察站和考察活动会对南极脆弱的环境和生态造成很大压力。因此，中国可以发挥协商国的作用，向协商会议建议修改此规定，降低参与南

① 参见郭培清、石伟华：《马来西亚南极政策的演变（1982—2008年）》，《中国海洋大学学报》（社会科学版）2009 年第 3 期，第 14～17 页；参见郭培清：《印度南极政策的变迁》，《南亚研究季刊》2007 年第 2 期，第 50～55 页。

② 越是不发达国家就越容易在南大洋非法捕捞活动中作为基地和方便旗国，即商船为逃税而向别国注册并挂该国旗帜。

③ Anne-Marie Brady. Opinion：Democratizing Antarctic Governance. The Polar Journal，2012（2）：456-457.

极事务的门槛；此外，还可以通过共享我国考察站设施、互换科学和后勤人员，开展联合科研和考察；为亚洲国家的南极考察提供指导、建议，为其科学家提供培训；进行研究计划、考察和建站、后勤支持等方面的信息交流等方式减少经济和环境成本，帮助更多的亚洲国家参与南极治理。2004 年，中国参与组建了亚洲国家交流极地研究进展，协调极地活动的重要组织"极地科学亚洲论坛"（Asian Forum for Polar Sciences，AFoPS）。中、日、韩、印等国在一年一度的论坛上汇报各自的极地考察活动和科研进展情况，相互交流极地研究活动和计划以及后勤支撑保障领域的进展。我国在担任轮值主席国的 2 年里，积极倡导亚洲国家极地考察的发展，努力建设有竞争力和创新性的 AFoPS 会议框架，为构建亚洲南极合作机制作出了积极贡献。①

区域内国家间的合作从技术性、功能性的合作领域起步，如果进展顺利并且不断扩展的话，对共同利益最大化的追求将会使区域合作从个别领域上升到全面整体、规划指导性的合作，也会从经济社会等"低政治敏锐性"事务延伸至政治安全等涉及国家主权的事务，进而形成区域内聚力，最终组建超国家的合作机构，推动协调更高层面的区域合作。② 所以南极合作的拓展深化将会"溢出"到其他相关部门，最终有利于亚洲区域整合；中国在构建亚洲南极合作机制过程中所作出的努力和贡献也会进一步展示负责任、有担当的区域大国的形象和影响力。

三、优先考虑参与南极科学考察和研究的合作

南极科学研究是《南极条约》的重要内容，在其十四项条款中有五项都明确提到了科学研究问题。自《南极条约》第二条规定"在

---

① 参见国家海洋局极地考察办公室：《2010 年度中国极地考察报告》2012 年 3 月 16 日，http：//www. chinare. gov. cn/caa/gb _ news. php？modid＝05001&id＝1151。

② 参见朱景鹏：《区域主义理论基础与相关学说》，《国际政治研究》2000 年第 1 期，第 52～56 页；参见樊勇明、薄思胜：《区域公共产品理论与实践——解读区域合作新视点》，上海人民出版社 2011 年版，第 9 页。

国际地球物理年内所实行的南极科学调查自由和为此目的而进行的合作，应按照本条约的规定予以继续"①以来，科学考察和研究就是《南极条约》赋予的最合法的活动，也是各缔约国在南极地区从事的主要活动和实质性存在的主要表现形式。"科学考察和研究为南极条约协商会议制定南极政策和法律规范提供重要的科学咨询和智力支持"②，因此南极科学成果越多的国家对南极事务的影响力越大，科学是南极政治舞台话语权的依据。只有对南极治理的各项议题进行广泛深入的科学研究和调查，才能在相关问题上提出自己的主张和见解，提供更多建设性思路和解决方案，也才能有效地参与南极国际治理和新议题国际规则的制定，在未来南极治理议程设置和条约体系演化进程中留下中国的印记和贡献。我国南极科学合作应在自然科学考察研究和社会科学研究两个层面进一步加强：

第一，加强南极科学考察和研究的多边国际合作，积极推动参与南极研究科学委员会平台上的联合科学考察。南极研究科学委员会是国际科学联合会理事会（International Council for Science，ICSU）下的一个委员会，负责对南极科学研究活动的发起、促进和协调，为南极条约系统提供公正的科学建议，是国际南极科学的最高学术权威机构，也是南极条约体系中最重要的科学研究合作平台。③ 其合作平台上有五项大型国际科考项目，即五大研究计划，分别是：南极气候演化（Antarctic Climate Evolution，ACE）、南极生物进化过程及其多样性研究（Evolution and Biodiversity in the Antarctic，EBA）、南极冰下湖环境科学研究（Subglacial Antarctic Lake Exploration，SALE）、日地和超高层大气物理学研究中的南北半球共轭作用（Interhemispheric Conjugacy Effects in Solar-Terrestrial and Aeronomy Research，ICESTAR）、南极与全球气候系统（Antarctica in

① 国家海洋局极地考察办公室网站：《南极条约》2018 年 4 月 23 日，http：//www. chinare. gov. cn/caa/gb_article. php？ modid＝07001。

② 郭培清、石伟华：《试析南极科学与南极政治的关系》，《中国海洋大学学报》（社会科学版）2009 年第 6 期，第 8 页。

③ Scientific Committee on Antarctic Research. "Abont SCAR". http：//www. scar. org/about-us.

the Global Climate System，AGCS）。

虽然我国已成功开展了 31 次南极科学考察，完成了南极周边重点海域和南极大陆考察站周边地区的环境综合考察与评估，获得了大量宝贵的第一手调查资料和样品；南极科学研究不断取得重大突破，在极地资源潜力评估、极地海洋环境特性及变化、极地生态系统及资源特性、极地遥感与大地测量技术、极地对全球和我国气候变化影响综合评估、南极深冰芯钻探、南极天文观测等研究领域进展显著。① 南极科研实力不断提高，在国际核心期刊发表的科学研究论文数量在近十几年里呈现上升趋势。但是目前我国参与 SCAR 国际合作平台的科考项目不多，参与程度不够：仅在 2009 年和 2010 年牵头过 1 项大型国际研究计划；② 2005—2010 年共参与了 11 项大型国际研究计划；③ 相比之下，牵头大型国际研究计划数量最多的美国在 2004—2010 年共有 18 项，参与数量最多的英国在 2004—2010 年共有 22 项。未来应进一步推动参与联合科考研究，还应将中国南极科考站打造成国际科研平台，创造更多的国际合作机会，增加科学考察的国际性，以增强我国科考的影响力和辐射力。

第二，扩大和提升南极社会科学研究的国际合作。在南极社科研究方面，我国起步较晚，2007 年俄罗斯北冰洋海底"插旗"事件唤醒了我国官员和学者的意识，此后极地战略研究才逐渐受到重视。2009 年 7 月，中国极地研究中心专门成立了极地战略研究室，在极地社会科学研究方面迈出了实质性的步伐。近几年来依托"十二五"期间设立的"南北极环境综合考察与评估"国家专项，国内 20 多家知名研究机构的 40 余名学者从国际政治、法律、安全、经济等领域开始研究两极问题，目前已形成一个较广泛的极地社会科学

① 石丰登：《2014 中国极地科学学术年会暨中国南极考察 30 周年纪念会在青岛成功举办》，《海洋科学进展》2014 年第 4 期，第 572 页。

② 华薇娜、张侠编著：《南极条约协商国南极活动能力调研统计报告》，海洋出版社 2012 年版，第 61 页。

③ 华薇娜、张侠编著：《南极条约协商国南极活动能力调研统计报告》，海洋出版社 2012 年版，第 63 页。

研究网络。① 相关的研究成果也如雨后春笋般不断涌现出来，并且逐渐从以介绍、论述为主快速发展到较具深度和较为系统的分析研究。

然而，如前所述，中国的南极社会科学研究与国际相比依然非常薄弱，多数研究着眼于为我国参与南极活动、解决南极问题和争取合法权益等方面提供法律、政治的依据，或从中国视角出发，讨论国外经验的启示、借鉴或中国的应对之策；在南极条约体系的内涵、南极考察管理模式、南极考察的措施和行为、国际南极事务的趋势等领域缺乏深入的研究。② 所以向南极条约协商会议③和南极环境保护委员会会议④提交的报告数量较少，⑤ 这说明我国对南极国际政治和法律事务、南极环境保护等问题的研究相对较少，在南极系统事务中的参与程度和参与能力相对不足，在南极条约体系内的政策影响力不够。鉴于此，我国需要通过国际合作的途径，站在国际高度，从战略上分析和研究南极政治、法律、政策、外交、科考、环保等问题。这样才能在国际会议上提出建设性意见，改变中国在国际南极治理的舞台上所处的被动状态和话语权不足的问题。

---

① 目前已成立专门的极地社会科学研究部门的有：上海国际问题研究院海洋和极地研究中心、上海同济大学极地与海洋国际问题研究中心、上海交通大学极地与深海发展战略研究中心、中国海洋大学极地法律与政治研究所。

② 参见潘敏：《国际政治中的南极：大国南极政策研究》，上海交通大学出版社2015年版，第252页。

③ 国际政府间管理南极政治事务的组织，负责处理南极国际政治和法律事务。

④ 隶属于南极条约协商国组织的下属组织，负责南极洲的环境保护问题，该会议每年召开一次，与南极条约协商国会议同期举行。

⑤ 各有关国家向南极条约协商国和南极环境保护委员会会议提交的报告数量，可以用于评估国家在南极系统事务中的参与程度和参与能力。2004—2009年，中国向协商国会议提交了7份报告，相比之下，提交报告数量较多的澳大利亚、新西兰、英国、智利、美国等国家的报告数量则分别为59、48、42、42、40；1998—2010年，中国向南极环境保护委员会提交的报告为27份，而英国、新西兰、澳大利亚、美国等国分别向会议提交了112、98、87、85份。根据南极条约秘书处官方网站提供的会议信息统计，参见南极条约秘书处网站，http：//www.ats.aq/devAS/ats_meetings.aspx？lang＝e。

重点可从以下两方面着手扩大和提升南极社会科学研究的国际合作。

首先，国家海洋局极地考察办公室作为专门负责组织研究极地重大问题的职能部门，可以充分发挥官方的导向作用，在目前已设置的"南北极环境综合考察与评估"国家专项、"中国极地科学战略研究基金"、"极地对外合作项目"等课题的申报、评审环节加大对在《南极条约》框架下普遍讨论的社科、人文类问题研究课题的资助名额和经费支持力度，优先支持双边或多边合作框架内的国内外联合研究项目；在上述课题的结题验收环节和每年的"中国极地科学优秀论文评选"中，可以向用英文发表在国际期刊、与国外学者合作的研究论文适度倾斜，明确将此类文章纳入成果评估体系。通过课题申报、审批和评估的导向性，吸引更多的学者积极参与国际合作研究。只有切实提高南极软科学研究质量，研究重点转向南极治理中的普遍性问题，不局限于"中国视角"和"中国的对策"，而是提供"世界性"的对策和政策性建议，才能在国际南极事务上提出方案，争取议程设置，积极争夺国际优先话语权，才能在事关南极治理的诸多议题上改变被动应对的局面，做出更加及时有效的反应，并在形势的判断上更具前瞻性。

其次，除了以官方为主的合作以外，也应加强科研机构及学者之间的学术合作，重视"学术外交""二轨外交"的优势。重点鼓励、资助研究南极问题的专家、学者赴相关国家实地调研、访学进修、主办及参加国际研讨会，从而建立广泛的国际学术联系，拓宽资料、信息的来源，扩大研究视角和学术外交，跟进国外最新的研究动态和所在国极地政策的最新发展动向，更全面客观地深入研究南极治理中的各个议题。近年来，上海国际问题研究院、同济大学、上海交通大学、中国海洋大学都成立了专门的极地问题研究中心，并已搭建起了"中俄北极论坛""中加北极论坛""中国北欧北极合作论坛"等北极事务"第二轨道"合作平台；"北太平洋北极论坛""北极对话""北极圈论坛"等国际对话平台也都有中国学者的参与和发声。在南极方面，也应依托上述机构积极构建"第二轨道"南极合作平台，打造南极研究和认知共同体，就南极治理的议题举办常态

化的南极合作论坛与对话，促进中外学者的相互交流和沟通，同时
进一步支持中国学者在国际场合阐释我国南极政策，为中国参与南
极治理创造有利的国际舆论环境。

第四节　小　结

早期我国积极开展南极科考、参与南极事务的动力来自于民族
精神和民族自豪感的驱使。1985 年在首次南极考察胜利凯旋之际，
《红旗》杂志发表了题为"南极精神颂"的社论，将南极精神概括为
"革命英雄主义精神、集体主义精神、科学求实精神、爱国主义精
神"[1]；同期的《人民日报》也发表社论《我们的时代需要南极精神》
和评论员文章《用考察南极的革命精神搞四化》。

在当今相互依存的全球化时代以及全球气候加速变暖的背景
下，我国积极参与南极治理有以下原因：第一，中国在南极地区拥
有合法的权益和现实的利益关切。温室效应所导致的气候变暖对南
极环境与气候变化产生着巨大的影响。近年来南极冰架消融的速度
比预期的更快，一旦南极冰层、冰架和冰河断裂融化，那么全球海
平面将会上升 60 米，中国东部海岸线将后退 400 公里，沿海人口
最集中、经济最发达的地区将变成一片汪洋。作为条约协商国，中
国拥有南极条约体系赋予的合法权益，即：自由科考与合作、环境
保护、资源管理、维护和平。因此，积极有效地参与南极治理，加
强实质性存在，开展高质量的南极科学研究与国际合作，有助于推
动我国科学进步、提升在南极事务中的话语权、维护和实现我国在
南极的合法权益。

第二，南极是亟待开拓的国家战略新疆域和彰显新兴大国责任
的平台。2015 年 7 月 1 日，第十二届全国人大常委会第十五次会
议表决通过的新《国家安全法》表明极地正式进入国家战略视野。

---

[1]　新竹：《南极精神，中国的骄傲》，《道德与文明》1985 年第 4 期，第
35 页。

其第三十二条规定："国家坚持和平探索和利用外层空间、国际海底区域和极地，增强安全进出、科学考察、开发利用的能力，加强国际合作，维护我国在外层空间、国际海底区域和极地的活动、资产和其他利益的安全。"①近年来，随着中国海外利益的不断扩大，国际地位向新兴世界大国的转变，中国外交战略呈现出全球性的视野和布局，逐渐重视网络、太空、极地等新疆域的利益保护，积极参与南极国际治理的规则制订和议程设置已成为对外战略的必然趋势。未来中国外交将努力拓展极地新疆域，争夺发展的战略制高点和国际规则的主导权，应对新一轮更高水平的大国综合国力竞争；② 同时也应积极参与国际合作和交流，"将南极视为展示我国作为一个负责任、有担当的大国对世界作出贡献的平台"③，提供更多的国际公共产品，在有效维护自身利益的同时，维护和推进人类共同利益，这是新兴大国应该肩负的责任和义务。

国际合作既是南极治理的基本原则，也是我国参与南极事务的重要途径。在当前建设极地强国的全新历史起点上，积极参与南极国际合作有助于实现现实的利益关切，体现新兴大国责任；有助于回应外界质疑，为我国参与南极治理创造有利的国际环境；有助于全面提升我国在南极治理事务上的影响力。深度构建南极利益共同体，打造亚洲南极事务合作机制，优先考虑参与南极科学研究等方面的国际合作，提供更多的制度框架和资金技术等实物形态的公共产品是进一步拓展提升我国南极国际合作的有效路径，也是摒弃"搭便车"的国际形象，使南极治理演化和进步进程中留有中国的印记及贡献的有效路径。

---

① 新华网：《授权发布：中华人民共和国国家安全法》2015 年 7 月 1 日，http：//news. xinhuanet. com/legal/2015-07/01/c_1115787801_3. htm。

② 近年来，国际社会围绕网络、外空、极地等战略新疆域的合作与竞争日益深入，新疆域成为各国争夺战略资源、拓展发展空间、谋求竞争优势的重要对象，也是国际关系博弈的新舞台。参见杨洁篪：《在纷繁复杂的国际形势中开创中国外交新局面》，《国际问题研究》2014 年第 1 期，第 2 页；参见贾桂德：《关注"新疆域"秩序，服务国际法制建设》，《国际展望》2014 年第 6 期，第 1 页。

③ 何柳：《新西兰的南极政策与中新南极合作》，《国际论坛》2015 年第 2 期，第 49 页。

第七章　南大洋矿物资源法律地位问题及中国的应对

随着对深海海底资源认识的不断提高和深海科技、装备水平的提升，我国对深海海底区域资源勘探、开发活动的兴趣与日俱增，进入深海领域活动的主体逐渐增多。我国是第一批申请勘探合同的先驱投资者，也是目前拥有勘探矿区数量最多的国家。2015年《国家安全法》和2016年《深海海底区域资源勘探开发法》的出台表明：我国在国际海底区域拥有重要的利益与战略需求，未来将维护和拓展这一领域的利益。

深海资源勘探开发活动发生在国际海底区域，适用《联合国海洋法公约》中的国际海底区域制度。国际海底区域的资源是全人类共同继承财产，由代表全人类利益的国际海底管理局行使海底活动的监管职能。目前第一批为期15年的海底勘探合同到期，国际海底活动正从勘探转向开发阶段，国际海底管理局启动了对国际海底制度与体制结构的全面审查，标志着现有国际海底制度框架正迎来评估、调整以及变革的重要时期，未来10年将是深海新疆域基本划定、深海治理架构基本成型、深海国际治理实质推进的关键时期。"区域"内矿产资源开发规章制定已成为国际海底管理局的优先工作事项，也是现阶段国际海洋法领域最重要的国际立法之一。2018年3月，国际海底管理局第24届会议第一期理事会会议的召开标志着制定开发规章的国际谈判正式开启。

作为深海资源勘探的大国和国际海底事务的积极建设者、参与者，我国应以此为契机，利用深海法的出台，积极谋划在深海新疆域的战略优势，提升在全球深海治理中的影响力，力争在国际海底制度变革的关键时期影响国际法的未来走向。

　　南极大陆及其周围海域蕴藏着丰富的矿物资源，但南极海域的法律地位十分特殊。国际法意义上的南极指南纬 60° 以南的地区，1959 年《南极条约》只"冻结"了南极大陆领土主权要求，但是对附属于南极大陆的诸如大陆架、南极周围海域等方面的权利并没有界定。1982 年《联合国海洋法公约》作为调整国际海洋事务的基本法，也可对南极地区相关海域的法律问题进行调整。因而，在现行国际法中南极海域是"南极条约体系"和《联合国海洋法公约》的重叠区域。

　　南极海域国际法属性的不明确，在实践中产生了以下问题：南极海域是否存在《南极公约》建立的"国际海底区域制度"？南极海域矿物资源的法律地位是什么？其发展空间是什么？我国于 1994 年批准了《关于环境保护的南极条约议定书》（以下简称《环境议定书》）及其 5 个附件。《环境议定书》规定，至 2048 年内禁止在南极地区进行一切商业性矿产资源开发活动。作为签约国，我国严格遵守条约规定。但随着条约的到期以及开采与环保技术条件的逐渐成熟，开发和利用南极矿物资源也日渐具备了现实的可操作性。

　　目前，国内外学界已有对南极海域法律地位的讨论，但从国际海底区域制度及其资源的角度来考察南极海域矿物资源法律地位的研究尚不多见，尤其是在我国深海法出台，以及明确将"极地"和"深海"定义为"战略新疆域"的背景下，讨论这一问题具有鲜明的时代特点和重要意义。鉴于此，本书试图以这一视角来分析和回答上述问题。

第一节　南大洋的矿物资源及其分布

　　20 世纪 60 年代后期，南极地质科学研究取得了显著的进展，地质学家们对南极大陆地质年龄和古冈瓦纳（Gondwana）超级大陆块的学说取得了一致的看法。大约 10800 万年前，冈瓦纳大陆块开始分裂漂移，南极大陆约在 4500 万年前分裂并漂流到南极点附近成型。① 早在 60 年代,就有地质学家根据地质结构的类似,预测南极可能存在丰富的矿产资源:东南极类同澳大利亚、非洲、巴西和印度,富含钻石、黄金和云母等矿藏,并拥有丰富的煤炭资源;西南极类同南美的安第斯山脉,可能拥有铅、锌、铜和金矿。②

南极大陆矿物资源也分布在南极沿海一带,但沿海的矿物资源主要是大陆架上的石油、天然气和海底锰结核。南极沿海碳氢化合物存在与沉积盆地有直接的关系,分布在南极大陆架上的沉积盆地的油气前景颇为光明,沿海碳氢化合物的主要勘探区域有:南极大陆西南部的罗斯海大陆架、南极大陆最大的盆地威德尔盆地、东南级的普里兹湾和南极半岛西侧的别林斯高晋海。

罗斯海位于新西兰正南方,是南太平洋深入南极大陆的大海湾。罗斯海域是南极大陆架研究最好的区域,截至 2016 年已完成 10 余个钻孔。国内外学界对罗斯海盆地地质,包括地层岩性、油气潜力、构造演化等方面都已进行了深入的探讨,但目前对于罗斯海盆地的地层分布特征和油气地质条件并没有达成统一的认识。

罗斯海大陆架上有一个 3000 ~ 4000 米的沉积盆地,这个沉积盆地的某些部分可能延伸至罗斯海冰架下,冰架下沉积岩的厚度为 4000 ~ 8000 米。早在 1972—1973 年,美国的科研船"格洛马·挑战者号"曾在罗斯海域进行勘探性钻探。在钻探的 4 个钻孔中有 3 个发现有乙烷、乙烯和甲烷。这也证明了南极大陆架上存在石油、天然气。③

最新的研究表明,罗斯海盆地是南极最具资源潜力的盆地之一;据推测,罗斯海盆地的地质资源量大约为 91.5 亿吨。罗斯海盆地可以进一步分为维多利亚地盆地、北部盆地、中央海槽和东部

---

① 除了南极大陆,冈瓦纳超级大陆块的组成部分还包括今日的澳洲大陆、新西兰、非洲、南美洲和印度。

② 吴依林:《从南极条约体系演化看矿产资源问题》,《中国海洋大学学报》(社会科学版)2009 年第 5 期,第 11 页。

③ 邹克渊:《南极矿物资源与国际法》,北京大学出版社 1996 年版,第 34 页。

盆地四个次级单元。罗斯海盆地具有较好的油气地质条件；东部盆地与维多利亚地盆地的油气生成区较为广泛，中央海槽与北部盆地则在油气生成区域和热演化程度方面较差。①

南极最大的盆地威德尔盆地位于西部南极半岛顶端至东部西经10°的位置，面积约为 7.5 万平方公里。地球物理学的数据和沉积样品显示，威德尔大陆架底下是厚度 14～15 公里、年代在中生代和新生代的沉积岩；这些沉积岩的厚度比罗斯海大陆架底下的沉积岩更加厚，因而有可能威德尔大陆架是南极油气储藏量更为丰富的地区。②

南极普里兹湾地区是东南级的一个构造凹地，兰伯特冰川是全世界最大的冰川，起源于东南极内陆，和埃默里冰架的断裂带一直延伸到普里兹湾的海床底下。普里兹湾的海床上具有几公里厚的沉积层，科学研究表明，储藏在断裂带中的中生代晚期沉积岩的大厚度使这一区域成为东南极大陆边最有前景的石油区。普里兹湾研究区地层可以划分为 5 个沉积单元：包括前寒武纪的变质岩基底（PS.5），晚二叠世—早三叠世期间和白垩纪期间的两期裂谷期沉积（PS.4 及 PS.3），晚始新世—中新世期间被冰川改造的被动大陆边缘沉积（PS.2）及上新世以来的冰川沉积（PS.1）。普里兹湾的白垩世和中新统有较高的有机碳含量，其间的沉积类型为冰川沉积，有机碳含量很低。中新统可能是由于冰川的底侵作用使得深部有机碳含量较高的沉积在上部重新沉积的结果，普里兹湾断陷盆地区的PS.3，陆架外缘以及陆坡深水区的 PS.2 上部（中新统）可能是油气的潜力生成区。③

除上述区域外，别林斯高晋海和布兰斯菲尔德海峡也可能存在石油和天然气。别林斯高晋海存在一个约 3 公里厚的沉积岩盆地，其中

①　杜民、邓希光、杨永等：《南极罗斯海盆地油气地质条件及资源潜力研究》，《极地研究》2016 年第 1 期，第 113 页。

②　邹克渊：《南极矿物资源与国际法》，北京大学出版社 1996 年版，第 35 页。

③　丁巍伟、董崇志、程子华：《南极洲东部普里兹湾区沉积特征及油气资源潜力》，《地球科学》2013 年第 9 期，第 103 页。

可能有大量侏罗纪和新生代沉积物,这又是碳氢化合物的可能性的来源。位于南极半岛北部沿海的布兰斯菲尔德海峡的海洋生物一直丰富着海床下的有机物质,因而海床的沉积物也可能有石油的存在。

除石油、天然气之外,在南大洋毗邻南极大陆的区域还存在大量的海底锰结核。锰结核最富集的区域大约位于南纬 60°的南极辐合带下,这块区域有一个大约 500 公里宽的连续锰结核带状区,在这一带状区以北和以南地区也发现了一些锰结核含量较少的区域。①

第二节 "南极条约体系"和《联合国海洋法公约》在南极海域适用的问题

首先需要厘清南极海域的法律制度,明确在受"南极条约体系"规范的情况下,以《联合国海洋法公约》(以下简称《公约》)为代表的国际海洋法律制度是否依然适用于这片海域。更进一步的问题是,南极海域是否存在《公约》规定的"区域"②;南极海域的矿物资源是否按照《公约》对"区域"内的资源所作的规定,以"人类共同继承财产原则"处理,由国际海底管理局代表全人类行使一切权利,任何国家不应对其主张或行使主权权利,不应将其任何部分据为己有。③ 本部分内容通过检视条约体系内重要的法律文件,来明确南极海域的法律地位,是否有"国际海底区域"的存在。

1982 年《公约》签订时未能考虑极地海域的法律问题,④ 也没

① 邹克渊:《南极矿物资源与国际法》,北京大学出版社 1996 年版,第 37 页。

② 《联合国海洋法公约》第 1 条对"区域"的规定:"区域",是指国家管辖范围以外的海床和洋底及其底土。

③ 参照《联合国海洋法公约》第 136 条"人类的共同继承财产"的规定和第 137 条"'区域'及其资源的法律地位"的规定。

④ Donald R. Rothwell. The Polar Regions and The Development Of International Law. Cambridge University Press, 1996: 300.

有对南极海域法律制度作出特殊安排。第三次联合国海洋法会议有意避开南极海域问题，《公约》文本中也刻意避免使用"南极"字眼。① 因而，理论上讲，《公约》也同样适用于南大洋，因为《公约》没有明确规定排除适用于南极海域。②

然而，《公约》创设的十二海里领海、专属经济区、大陆架、国际海底区域等制度，如果直接适用于南极海域，将会对"南极条约体系"构成以下几方面的挑战：

首先，《公约》的核心概念"沿海国"，在南极地区是否存在？

根据国际海洋法"以陆定海"的原则，只有对陆地享有主权的沿海国才能对其陆地领土的附属海域主张和行使主权。《公约》未对所谓"沿海国"有一个确切的定义，陈力教授认为"沿海国"应当具备两个基本要素，一是地理的要素，即需要邻接海域，没有海岸的国家属于内陆国；二是法律的要素，即具有海岸的陆地必须属于主权国家控制的领土。③

而南极大陆的主权问题已由 1959 年《南极条约》第四条做出了在条约有效期内搁置领土争议的处理。第四条规定：

> 一、本条约的任何规定不得解释为：（甲）缔约任何一方放弃在南极原来所主张的领土主权权利或领土的要求。（乙）缔约任何一方全部或部分放弃由于它在南极的活动或由于它的国民在南极的活动或其他原因而构成的对南极领土主权的要求的任何根据。（丙）损害缔约任何一方关于它承认或否认任何其他国家在南极的领土主权的要求或要求的根据的立场。
>
> 二、在本条约有效期间所发生的一切行为或活动，不得构

---

① Olav Schram Stokke & Davor Vidas ed. Governing the Antarctic: The Effectiveness and Legitimacy of the Antarctic Treaty System, Cambridge University Press, 1996: 64.

② Orrego Vicuna. The Law of The Sea and The Antarctic Treaty System: New Approaches to Offshore Jurisdiction. C. C. Jorner and S. K. Chopraed. The Antarctic Legal Regime. Martinus Nijhoff, 1988: 101.

③ 陈力：《论南极海域的法律地位》，《复旦学报》（社会科学版）2014年第 5 期，第 153 页。

成主张、支持或否定对南极的领土主权的要求的基础，也不得
创立在南极的任何主权权利。在本条约有效期间，对在南极的
领土主权不得提出新的要求或扩大现有的要求。

可以看出，第四条第一款和第二款对《南极条约》缔结以前的
领土要求既不承认，也不否认，同时也不得提出新的要求或扩大现
有的要求。第四条被普遍称为"冻结条款"，此处"冻结"的确切意
思在于，第四条第二款"冻结"了新的领土要求或现有领土要求的
扩大，第一款实际上对既存的领土要求"冻结"了各种冲突立场的
后果。第四条巧妙地协调了各方利益，尊重并且考虑到条约签订前
南极大陆存在的事实：对南极部分地区主张领土主权的国家的存
在，以及其他国家不承认这些领土主张；既维持了条约签订之前的
原状，又禁止了在条约有效期间提出新的领土要求。据此，主权问
题可能引起的争端得到有效的控制。因而，第四条也被称为"南极
条约的基石"，其实质是规避南极主权问题的临时安排，整个南极
条约体系是在其基础上建立起来的。

然而，第四条并没有真正解决南极主权问题，该条款同意主权
要求国、非主权要求国以及保留了主权要求的国家各自对南极的主
权要求或法律地位持有不同的立场。而由此产生的问题是，不同的
国家以符合其特定法律利益的方式对第四条进行解释：领土要求国
认为第四条并未否认其领土主权，因而自身具有沿海国的权利；非
领土要求国则认为第四条未承认任何领土要求，《南极条约》是法
律上平等的各国之间合作的体现。

但是从《南极条约》的宗旨、目的①出发看待第四条的用语，
其实质是要赋予南极大陆特殊的法律地位，使具有不同利益诉求的

---

① 《南极条约》规定：为了全人类的利益，南极应永远专为和平目的而
使用，不应成为国际纷争的场所和对象；认识到在国际合作下对南极的科学
调查，为科学知识作出了重大贡献；确信建立坚实的基础，以便按照国际地
球物理年期间的实践，在南极科学调查自由的基础上继续和发展国际合作，
符合科学和全人类进步的利益；并确信保证南极只用于和平目的和继续保持
在南极的国际和睦的条约将促进联合国宪章的宗旨和原则。

国家搁置主权争议，以便实现在南极事务上进行国际合作的共同权利和义务。因而，第四条的用意是在条约的有效期内，排除相关国家在南极大陆取得领土主权的可能性。①

另外，管辖权是一国主权的表现，其中属地管辖权直接来源于主权国家的领土主权；而《南极条约》中唯一涉及缔约国管辖权的条款第八条第一款的内容只规定了缔约国对其观察员、科学人员以及任何这些人员的随从人员的属人管辖，并没有规定缔约国在条约适用范围内具有属地管辖权，从而也否定了南极大陆存在领土主权。

其次，《公约》第十一部分"区域"制度适用于南极海域将会产生以下问题：

20 世纪 80 年代初，马来西亚联合第三世界国家在联合国内发起了对"南极条约体系"的挑战，批评重点涉及条约体系的缺陷、南极环境保护问题和矿产资源的公平开发问题。1981 年，马来西亚总理马哈蒂尔在联合国大会的演讲中，首次提倡南极作为"无人居住"的地区，应该像深海海床一样作为"人类共同继承财产"，由联合国来管辖。② 这一主张得到了一些发展中国家和国际组织的支持，由此"南极问题"自 1983 年开始被列入联合国大会议程，并开始了长达二十多年的讨论。

然而，南极条约协商国则认为《南极条约》对任何国家都公平开放，是目前规划南极事务的最好选择，因而强烈反对依据"人类共同继承财产原则"由联合国来建立南极新机制。以澳大利亚为代表的南极条约协商国反对联合国提议将"人类共同财产"的概念与南极联系起来的决议，甚至拒绝参加"南极问题"讨论和表决。面对体系外要求将"人类共同继承财产"适用于南极地区的强大压力，尤其是担心联合国在《公约》缔结后插手南极事务，1982 年的第 4 次南极条约特别协商会议专门就与海底问题紧密相关的矿物制度展

---

① 依照《维也纳条约法公约》第 31 条的规定，条约应依其用语按其上下文并参照条约之目的及宗旨所具有之通常意义，善意解释之。

② 郭培清、石伟华：《马来西亚南极政策的演变（1982—2008 年）》，《中国海洋大学学报》(社会科学版)2009 年第 3 期，第 14 页。

开讨论，最终于 1988 年产生了《矿物公约》。

南极矿物资源问题是联大"南极问题"产生的动因之一，联大对该问题的推动，促使南极条约特别协商会议在讨论《矿物公约》时将《公约》中的大陆架和"区域"制度也纳入考虑。因而，在此背景下诞生的《矿物公约》试图与《公约》在南极海域海底问题上实现协调，这一点表现为《矿物公约》第 5 条"适用范围"的规定上：第 5 条第 2 款规定"在不妨害协商国依据《南极条约》及其各项措施承担的各项责任的情况下，凡在南极大陆和南纬 60°以南的所有南极岛屿，包括所有冰架，以及在直到深海海底为止的邻接海岸近海区域的海床及底土上进行的矿物资源活动，均受公约管理"；第 3 款规定"'深海海底'是指按照国际法为大陆架下的定义，超过大陆架地理范围的海床及底土"；第 5 条第 2 款使用了"邻接海岸近海区域的海床及底土"的措辞，以规避直接使用"大陆架"一词。因为依据《公约》第 76 条第 1 款的规定，沿海国的大陆架包括其领海以外依其陆地领土的全部自然延伸。直接使用"大陆架"一词就会引发的南极存在"沿海国"的问题，更进一步会承认领土主张国在《南极条约》签订之前所主张的南极领土要求，而这一点很明显地与《南极条约》第四条"冻结"原则相违背。

"区域"制度无法适用于南极海域的原因：《矿物公约》第 5 条第 2 款明确了其适用范围止于南极海域的"深海海底"。那么，就有必要通过划定南极外大陆架来明确南极矿物制度适用范围与依《公约》所设的国际海底区域范围之间的界线。这一点又会产生两个问题：

第一，《矿物公约》中的大陆架的地理范围应根据《公约》第 76 条第 1~7 款的标准和规则加以确定，① 目的是要与《公约》有关大陆架的规定相协调，但南极大陆架确切的法律适用范围，无法依照《矿物公约》第 5 条划定，其划定因冰架法律地位和南极独特的地

---

① Olav Schram Stokke & Davor Vidas ed. Governing the Antarctic：The Effectiveness and Legitimacy of the Antarctic Treaty System. Cambridge University Press，1996：77.

理特征而难以划定；而大陆架又与国际海底区域密切相关：大陆架面积大小与国际海底区域的面积大小是此消彼长的关系。无法确定南极海域大陆架的范围，自然就无法确定南极海域所谓的"国际海底区域"的范围。

第二，《矿物公约》第 5 条第 2 款明确规定"深海海底"不是其适用范围，这也就意味着《矿物公约》承认在南极海域存在"南极矿物制度"和"国际海底制度"，这样的规定给国际海底管理局将这片"深海海底"作为国际海底区域进行管辖留下了余地。而由此产生的问题是，假如国际海底管理局将管理南极"深海海底"，则将会挑战"南极条约体系"的"集体管辖权"。海底管理局和条约协商国之间管辖权的划分和协调也会是个问题。

《环境议定书》第七条禁止了除科学研究有关活动之外的任何有关矿产资源的活动。《环境议定书》取代了未曾生效的《矿物公约》，相比《矿物公约》，《环境议定书》对环境保护的规定更加全面和严格，实质上否定了《矿物公约》。[①] 1982 年《公约》对大陆架和国际海底区域的规定都与矿物资源勘探开发密切相关。例如，《公约》第 77 条第 1 款规定："沿海国为勘探大陆架和开发其自然资源的目的，对大陆架行使主权权利。"《公约》第 137 条第 2、3 款规定："从'区域'内回收的矿物，只可按照本部分和管理局的规则、规章和程序予以让渡。任何国家或自然人或法人，除按照本部分外，不应对'区域'矿物主张、取得或行使权利。否则，对于任何这种权利的主张、取得或行使，应不予承认。"《公约》确认了矿物资源开发利用是沿海国在大陆架享有的最重要的主权权利；而《环境议定书》对南极地区矿物资源活动的全面禁止，则否定了此前《矿物公约》依据《公约》引入的大陆架制度。另外，《公约》对"人类共同继承财产原则"规定的核心内容始终是勘探和开发矿物资源，而《环境议定书》对矿物活动的禁止就使得"原先基于经济分配

———————————

① Olav Schram Stokke & Davor Vidas ed. Governing the Antarctic: The Effectiveness and Legitimacy of the Antarctic Treaty System. Cambridge University Press, 1996: 77.

的人类共同继承财产概念在南极的适用失去了意义"①，依照《公约》的规定，以"人类共同继承财产原则"开发分配"区域"内矿物的规定也就无从谈起。在这一点的基础上，更进一步的冲突是：《公约》第311条第6款规定："缔约国同意对第136条所载关于人类共同继承财产的基本原则不应有任何修正，并同意它们不应参加任何减损该原则的协定。"然而，既是《公约》缔约国，又是南极条约协商国和《环境议定书》缔约国的国家，例如澳大利亚、德国、巴西等国家，批准加入《环境议定书》并遵循禁止南极地区矿物活动的行为，是否违反了上述《公约》所规定的"不应参加任何减损'人类共同继承财产原则'的协定"？

1989年，联合国大会通过的"敦促在南极地区及其周边禁止矿物活动"的决议，得到了"南极条约体系"外很多国家的支持，其中有相当一部分是《公约》的缔约国。② 这说明，南极独特、脆弱的环境与生态系统应得到特殊的保护在体系内外达成了共识；也进一步说明了南极地区的特殊地位使得国际社会逐渐接受了，"南极条约体系"可以适当偏离《公约》，成为"自成一类"的法律制度这一现实。在此情形下，将《公约》创设的国际海底区域制度以及"人类共同继承财产原则"适用于南极地区的要求似乎不太可能。

第三节 "南极条约体系"中对"矿物资源法律地位和发展空间"的规定

有关南极矿物资源法律地位的现有法律制度主要包含在规范南极及其活动的南极条约体系中。1959年的《南极条约》、1964年的

---

① R. E. Money. The Protocol On Environmental Protection To The Antarctic Treaty: Maintaining A Legal Regime. Emory International Law Review, 1993(7): 192.

② Olav Schram Stokke & Davor Vidas ed. Governing the Antarctic: The Effectiveness and Legitimacy of the Antarctic Treaty System. Cambridge University Press, 1996: 85.

《保护南极动植物的议定措施》、1972 年的《南极海豹保护公约》、
1980 年的《南极海洋生物资源养护公约》、1988 年的《南极矿产资
源活动管理公约》(未生效)和 1991 年的《关于环境保护的南极条约
议定书》等法律文件以及历次南极条约协商会议上通过的有约束力
的建议共同组成了南极条约体系。本节内容旨在检视与矿物资源直
接相关的 1988 年《南极矿产资源活动管理公约》以及取代该公约的
1991 年的《关于环境保护的南极条约议定书》。

一、条约体系中主要法律文件对南极矿物活动的规定

(一)《南极矿产资源活动管理公约》的规定

从 1970 年的第六届南极条约协商会议上，新西兰首次非正式
提出了南极矿产资源的商业勘探开发问题，到 1988 年的第四届南
极条约特别协商会议上通过了《南极矿产资源活动管理公约》，协
商国对于矿产资源问题展开了长达十几年的讨论。

此前的准备工作和讨论的重点集中在：召开协商会议和特别预
备会，深入研究矿产资源前景、技术水平、环境保护和修复等问
题；建议协商国政府应将保护南极自然环境放在首位，开展矿产资
源活动对环境影响的研究；建议南极科学研究委员会对可能产生的
环境效应进行评价；呼吁协商国和相关国际组织在南极科学研究委
员会提供的环境影响评价报告的基础上，继续深入研究矿产资源活
动对环境的影响；呼吁协商国在南极矿产资源共管体制未形成之
前，停止一切矿产资源活动。①

《南极矿产资源活动管理公约》规定了未来人类南极矿物活动
需要遵守的法律原则。其序言中明确了保护南极环境的根本原则：
"注意到南极独特的生态，科学与荒野价值以及南极对全球环境的
重要性"，"承认南极矿物资源活动可能会对南极环境或依附于它
的或与其相关的生态系统产生不良影响"，"相信就可能的南极矿

---

① Final Report of the Eighth Antarctic Treaty Consultative Meeting, June
1975, Oslo; Final Report of the Ninth Antarctic Treaty Consultative Meeting,
October 1977, London.

物资源活动作出决定时，必须将对南极环境及依附于它的及与其相关的生态系统的保护作为基本考虑"。矿物资源制度对一切有可能损害南极环境的活动均予以禁止，其指导和管理矿物资源活动的规则和程序都与保护南极环境与生态有着紧密的联系。

《矿物公约》第 2 条规定了矿物资源制度的目标和一般原则。该条规定也体现了保护南极环境为矿物资源活动所应遵循的首要原则：各缔约国经由本公约、本公约确立的各项原则、规定的各项规则和设立的各机构以及依本公约通过的各项决定创设一项办法，以便评估南极矿物资源活动对环境的可能影响；决定南极矿物资源活动可否接受；管理所进行的并认为可以接受的南极矿物资源活动；保证所进行的任何矿物资源活动严格符合公约的规定。该条又规定，南极矿物资源活动一经发生，各缔约国承认南极条约各协商国对保护环境负有特殊责任并承认有必要：保护南极环境及依附于它的及与其相关的生态系统；重视南极对全球环境的意义和影响；尊重对南极的其他合法利用；尊重南极的科学价值及美学和荒野特征；保证在南极的作业安全；增进所有缔约国公平有效的参与机会；考虑整个国际社会的利益。

与此同时，《矿物公约》也规范了未来南极矿物活动的其他法律原则。例如，一切矿物资源活动受《矿物公约》支配的原则。由南极矿物资源委员会和有关的管理委员会决定矿物资源活动是否可以接受。一切矿物资源活动必须严格遵守《矿物公约》所确立的原则和规则。否则不得进行。

《矿物公约》第 15 条的规定确立了尊重对南极其他合法利用的原则，以免南极各种合法利用之间相互冲突和干扰：关于矿物资源活动的决定应考虑到有必要尊重符合"南极条约体系"的对南极的其他既有利用，包括，在南极的站所及其相关设施，辅助装备和设备的作业；南极科学考察和其中的合作；包括合理利用在内的南极海洋生物资源的养护；旅游；历史纪念物的维护；航海和航空。

《矿物公约》第 6 条和第 14 条中规定了增进所有缔约国，特别是发展中国家的参与机会并考虑整个国际社会利用的原则：在实施该公约时，应促进公约范围内的合作，并应对各缔约国，特别是其中的发展中国家在南极矿物资源活动中的国际参与予以鼓励。这种参与可通过各缔约国及其各经营者的安排来实现；不得对任何缔约国或其经营者有所歧视。上述两项条款的目的在于促进发展中国家的参与，防止少数发达国家对矿物活动的垄断。

另外，作为"南极条约体系"的组成部分，条约体系已有的法律原则也适用于南极矿物活动。例如，《矿物公约》第2条第1款规定了专为和平目的利用南极的原则也是规范南极矿物资源开发利用的重要法律原则："本公约是南极条约体系的组成部分。该体系包括《南极条约》，依据该条约业已生效的各项措施及各有关的法律文件，其首要宗旨在于保证南极继续并永远专为和平目的而使用，不使其成为国际纷争的场所或对象。"《矿物公约》的第2条和第10条规定了，各缔约国应保证矿物资源活动一经发生，这些活动以符合"南极条约体系"所有组成部分及由此产生的各项义务的方式进行；各缔约国应保证这种活动与"南极条约体系"其他组成部分相一致，避免对其他组成部分各项目标和原则的实现产生任何干扰。

《矿物公约》最终未能生效，于1991年被《环境议定书》取代的原因并非完全是因为南极矿产资源商业开发利用的时机和技术条件未成熟，而是因为条约体系一贯对保护南极环境和生态的重视。①

(二)《环境议定书》的规定

为确保资源活动不会对南极环境及其特有和附属的生态系统造成任何影响和危害，《南极矿产资源活动管理公约》第8条第7款专门规定，"应以独立并行议定书的形式明确涉及环境责任的规定，议定书要经公约委员会成员协商一致方能生效"。根据该条款，《矿物公约》还需要再制定一份环境责任议定书，并且经过公约成员国协商一致才能生效。该条款的内容为《环境议定书》的制

---

① 根据不完全的统计，截至第31届南极条约协商会议，累计通过的各类建议、决议、决定、措施等具有同样法律效力的文件共334项，其中与保护南极环境有关文件所占的比例高达43%，在各项议题中位居第一；与资源相关的文件仅占3%。参见吴依林：《从南极条约体系演化看矿产资源问题》，《中国海洋大学学报》(社会科学版)2009年第5期，第13页。

定奠定了基础。

1989 年第十五届南极条约协商会议上, 澳大利亚和法国在联合提交的工作文件中, 提出"综合保护南极环境以及其特有和相关的生态系统"的建议。该建议认为, 在南极条约体系已有的法律文件对南极环境保护的规定分散, 而且不够综合全面, 提议于 1990 年召开南极条约特别协商会议, 专门探讨综合保护南极环境的机制。①

澳、法两国的建议得到了美国、新西兰、智利等南极条约协商国的支持。协商国一致同意召开特别协商会议, 并在会议期间, 以专题会的形式协商讨论《矿物公约》第 8 条第 7 款关于"环境责任议定书"的拟订。由此开始, 南极条约体系从规范矿产资源活动转向了全面保护南极环境。

《环境议定书》于 1991 年 10 月 4 日在西班牙马德里签署, 1998 年 1 月 14 日生效。该条约第 25 条第 2 款规定, 自生效之日起有效期为 50 年。第 7 条规定, "科学研究除外, 禁止任何与矿产资源相关的活动。《环境议定书》取代了《矿物公约》, 明确禁止 2048 年前开发南极矿物资源, 暂时搁置了南极矿物资源开发这一与主权、管辖权和经济利益直接相关的问题, 减缓了国际社会对南极矿物开采这个敏感问题的关切程度。

《环境议定书》提高了参与南极事务的环境标准, 要求南极考察活动必须采取一切有效的措施保护南极环境。议定书中制定了很多缔约国必须严格遵守的强制性措施, 例如, 确立了"环境影响评估机制", 规定对所有在南极的人类活动实行环境影响评估, 还规定了动植物保护、废弃物处理、防止海洋污染、特别保护区等一系列具体的环境保护制度。规定具有较大环境影响的南极活动必须向"南极条约协商会议环境委员会"提出环境影响报告书, 得到环境委员会的批准后才能开展南极活动。该议定书的附件六还规定了, 凡造成环境污染的南极活动的组织者必须采取措施及时清除污染或

---

① Final Report of the Fifteenth Antarctic Treaty Consultative Meeting, October 1989, Paris.

支付清除污染的费用。

议定书对南极科考活动也做出了环境保护的规定：对南极科考活动进行环境影响评价；南极区域管理制度和南极动植物保护制度，等等；并且要求各国科考工作者在进入南极特别保护区或采集有关动植物样品时，必须获得本国政府授权主管部门的许可；南极科考活动还必须具备环境应急能力和应急计划，并向条约协商会议提交年度环境报告。①

虽然《环境议定书》禁止了矿物开采活动，将南极指定为"自然保护区"，全面保护南极环境。但大多数条款只是抽象的环保理念，对人类活动的环境评估制度，只是指导性原则，而不是具体的可操作的规则。②

二、"人类共同继承财产原则"对南极海域及其资源的适用问题

南极不同于深海海底，在南极存在大量的人类活动，存在着领土主权要求，以及先于"人类共同继承财产"概念的《南极条约》等法律制度，因而要将"人类共同继承财产原则"适用于南极是不合理或不现实的。③

首先，南极与国际海底区域的法律地位不同：虽然同属国家管辖范围以外的区域，但国际海底及其资源在被宣布为"人类共同继承财产"之前没有任何国家对其主张主权，不存在任何领土要求；而南极大陆85%的地区则从1908年至1959年《南极条约》签订之前存在着领土主权的要求。姑且不论这些领土主权要求是否具有有效性，其本身的存在就是一个政治现实，任何可行的对南极事务的制度安排都需要考虑阿根廷、智利、英国、澳大利亚、新西兰、法国、挪威七个国家对部分南极大陆提出领土主权要求存在的事实，

① 徐世杰：《"关于环境保护的南极条约议定书"对南极活动影响分析》，《海洋开发与管理》2008年第3期，第52页。

② 潘敏：《论南极矿物资源制度面临的挑战》，《现代国际关系》2011年第6期，第48页。

③ 邹克渊：《南极矿物资源与国际法》，北京大学出版社1996年版，第239页。

以及其他国家不承认这些主权主张。①

其次，南极地区无法适用"人类共同继承财产原则"的另一个原因是，国际海底区域及其资源在被宣布为"人类共同继承财产"之前一直存在着法律真空。相比之下，南极在国际法上并非处于法律真空，而是一直处于"南极条约体系"的规制之下。条约体系过去几十年的实践表明，它有效地维护了南极的和平与稳定；增进了协商国之间的科学合作；保护了南极的环境和生态系统；有效地禁止了在南极进行任何军事性质的活动，避免了南极成为国际纷争的对象和场所。条约体系在南极治理的国际实践中显示出来了高度的成熟和有效性，因而不需要另一套新的法律制度取而代之。

另外，"人类共同继承财产原则"适用于南极也取决于南极条约协商国是否采纳。然而，对于协商国中的领土要求国来说，接受"人类共同继承财产"的概念意味着对南极领土主权要求的否定和放弃，这不符合领土要求国的国家利益。此外，对绝大多数第三世界国家而言，开发资源优先于保护资源。因而"人类共同继承财产"的概念包含开发的目的。② 然而，鉴于南极脆弱的生态和环境，将"开发"的概念适用于南极是不适当的。因此，这一原则在协商国内部缺乏普遍接受的基础。

实际上，"南极条约体系"虽然没有明确接受"人类共同继承财产原则"，但包含了"人类共同继承财产原则"的一系列因素，③ 例如：一是《南极条约》明确规定的"专为和平目的而利用"的宗旨。

---

① U. S. Polar Research Board. Antarctic Treaty System: an Assessment. The National Academy Press, 1986: 68.

② Thakur, R. and Gold, H. "The Antarctic Treaty Regime: exclusive preserve or common heritage?". Foreign Affairs Reports, 1983(11-12): 185.

③ 1982 年《联合国海洋法公约》在宣告"区域"及其资源是人类的共同继承财产这一总原则之后，接着又对支配"区域"的具体员额作了多项规定：不得据为己有原则；国际管理原则；共同使用原则；为全人类利益利用原则；专为和平目的的利用原则；遵循国际法原则及规则原则；造成损害负有赔偿原则；保护海洋环境原则；适当顾及沿海国的权利和合法利益原则；"区域"内活动与其他活动相互适应原则。参见华敬炘：《海洋法学教程》，中国海洋大学出版社 2009 年版，第 285~287 页。

在南极条约体系过去几十年的实践中，这一宗旨得到了严格的遵守，南极地区没有出现任何违反"和平目的"宗旨的行为，没有成为国际纷争的场所和对象。

二是南极条约体系对领土主权要求的安排可以体现出南极的非占有性。《南极条约》几十年的实践表明，对领土主权要求的"冻结"和有效的国际合作不可能不对原有领土主权要求的有效性产生影响。随着南极条约体系成员国的增多，南极条约体系内部的日益国际化，领土主权要求的意义最终将越来越弱。①《矿物公约》第9条规定，任何矿物勘探或开发活动均不能成为南极领土主权要求的依据。这一条款实际上是在削弱领土要求国的领土主权要求。因为在一国领土内所从事的矿物资源活动是领土主权的一种具体表现，如果领土要求国放弃对其所主张的南极领土内矿物活动的控制，该国将会丧失采矿课税专属权从而使其主权受到损害。南极条约体系中上述削弱现存领土主权要求的规定以及上述规定在国际法上的实践，将会使得南极领土的非占有性日益增强。

三是《矿物公约》在矿物资源利益的分配上也至少接受了"人类共同继承财产原则"的两个基本要素：承认整个国际社会对南极资源的利益以及最终对这些资源进行开发必须保证全人类的利益分享。《矿物公约》的一些条款特别照顾到发展中国家的利益，例如：《矿物公约》第35条第7款规定，总委员会所得收入的剩余部分应促进所有缔约国，特别是发展中国家缔约国对这种研究的广泛参与；《矿物公约》第41条第1款鼓励发展中国家参与南极矿物资源活动，并给予一定的照顾，例如关于联合企业的规定，实质上是为发展中国家参与矿物资源活动提供机会；《矿物公约》第26条规定，咨询委员会的一个职能是帮助和促进发展中国家参与南极矿物资源活动。

然而，南极矿物资源制度的规定与"人类共同继承财产原则"还不完全一致，最主要的表现在：1982年《联合国海洋法公约》确

① 邹克渊：《南极矿物资源与国际法》，北京大学出版社1996年版，第246页。

定以"平行开发制度"作为国际海底区域内资源开发的过渡时期的基本制度。该制度是指在国际海底管理局的组织和控制下,"区域"内资源的开发,一方面由国际机构(指国际海底管理局的企业部)来进行;另一方面,也由缔约国及其公、私企业通过与管理局签订合同进行勘探和开发。后者在申请开发时,应提供两块有同等商业价值的矿址,以供两方面进行开发之用并应按合同条件进行开发。

相比之下,《矿物公约》规定的资源勘探和开发制度是一种"单一开发制",由缔约国所担保的经营者直接进行开发。总委员会没有像国际海底管理局拥有的对海底资源进行直接开发的企业部。这种"单一开发制"实际上只对具备相当的经济和技术实力、有能力在南极从事矿物资源活动的国家有利。同时,《矿物公约》虽然鼓励发展中国家参与南极矿物资源活动,但并没有明确规定国际社会所有国家公平分享南极资源利益。因此,实际的结果是,参与这类活动的发展中国家可以得到相应的利益,不参与这类活动的国家则不可能直接享受这种利益。①

综上所述,南极与国际海底区域的法律地位不同;南极在国际法上并非处于法律真空,而是一直处于"南极条约体系"的规制之下。条约体系过去几十年的实践显示它是一种高度成熟和有效的法律制度;"人类共同继承财产原则"适用于南极取决于南极条约协商国是否采纳;"南极条约体系"已包含了"人类共同继承财产原则"的一系列因素。因而,在条约体系之外再建立一种以"人类共同继承财产原则"为基础的新的南极法律制度既不合理也不现实。

第四节 小 结

随着世界范围内非再生资源日益枯竭,人类在严寒地区开采矿

---

① 邹克渊:《南极矿物资源与国际法》,北京大学出版社1996年版,第251页。

物资源技术的逐渐成熟，不排除 2048 年《关于环境保护的南极条约议定书》到期后，"南极条约体系"对南极矿物资源开发的规定作出修改的可能。美国等经济实力强大的国家的南极科考加强资源的勘探和调查的力度。智利等南极周边国家也已将南极资源列入国家石油公司的开采计划中。① 我国也应未雨绸缪，应对未来可能的南极矿物资源活动。

在科学研究方面，中国首先要加强南大洋的观测研究，在科研方面为未来可能的南大洋矿物资源开采作准备。相比世界其他大洋，目前人类对南大洋的了解、观测都非常有限。我国自"十五"以来，已经初步形成一个以南极科考站、"雪龙"船、固定翼飞机为基本平台，结合卫星遥感、深海锚系和走航观测等其他技术的海上、冰上、空间观测体系，已经具备了观测、研究南大洋的基础设施和条件保障。然而，南大洋距离遥远，开展系统观测研究工作需要投入巨大的经费，我国在研究经费投入方面与欧美强国相比还有很大差距；另外，南大洋特殊的环境需要针对海—气—冰相互作用的耦合系统发展新的观测技术，我国的新观测技术开发水平与欧美强国相比也存在一定差距。② 但"十三五"规划中的"雪龙探极"工程致力于构建南极区域的陆海空观测平台、研发适用于南极环境的探测技术装备等措施；南大洋观测也是正在酝酿中的"地球三极"大科学计划的重要组成部分。

重视深海科考和技术装备，为未来参与南大洋矿物活动做好科技储备。加强深海科学考察与调查活动，重视深海探测装备和深海资源开发技术装备研究，夯实未来参与南大洋矿物开采活动的科技基础。以深海调查和试验数据资料为依据，在参与未来新规则制定中发挥支撑作用，并对深海规则走向施加影响，引领深海环境影响评估。积极参与全球深海领域治理与管控、稳步提升我国参与国际规则制定和重大议程设置及导向舆论的能力和影响力。在积极参与

① 中国经济网：《智利将投资 3 亿美元在南极地区开采油气》2008 年 7 月 29 日，http：//intl. ce. cn/sjjj/gat/200807/29/t20080729_16321837. shtml。

② 《陈大可院士：开展南大洋研究的科学和现实意义》，《中国海洋报》2018 年 5 月 16 日。

国际海底区域活动的基础上，为未来可能的南大洋矿物资源活动做好储备。

其次是要积极筹备对南极矿物资源的勘探和调查，评估矿物资源开发、利用的环境影响以及开采成本等。迄今为止，我国尚未对南极矿物资源开采及其环境影响进行全面考察，对各类矿物资源的分布和储藏量、开采的成本和环境影响等具体问题都研究很少。我国的极地研究需要将南极矿物资源调查与评估列为优先研究的领域，组织并引导南极资源研究和勘探工作，在资金、人员和政策上给予支持。

目前"南极条约体系"是自称一类的法律制度，《联合国海洋法公约》对于"区域"的规定无法适用于南大洋的矿物资源，尽管如此，我们仍可以将南大洋及其矿物资源视为深海战略的一部分，进行统筹规划。在参与深海活动和影响国际规则制定方面，可以将国际海底管理局作为我国有效参与深海活动的重要途径。充分利用国际海底管理局的功能与作用，使其成为我国进一步参与深海活动的重要途径：首先是加强我国在国际海底管理局现有各机构，特别是理事会和法律技术委员会中的影响，以我国最大矿产消费国的地位，引领深海海底资源开发进程；以我国深海活动大国的地位，在国际海底制度审查进程中，对制度基础、议题设置、绩效评估等积极提出我国的主张，全方位地参与国际海底制度与机构调整及变革。其次是发挥非政府机构的力量，抓住目前申请成为国际海底管理局观察员门槛较低的机会，鼓励我国深海社会智库、非政府组织、研究机构等申请成为国际海底管理局观察员，辅助、配合政府在国际场合多发声，多角色、多渠道参与深海活动，维护我国在深海的利益。

在深海人才培养方面，建设参与、影响深海国际规则制定和重大议程设置的中坚力量。以发展深海科技引领规则制定，以深海国际规则促进深海科技能力的提升，形成深海科技与法律的共进与互动，在此基础上打造一支稳定的参与深海活动的中坚力量：一是发挥高等院校、科研院所的优势，拓宽深海人才培养渠道，为长期稳定地参与全球深海活动做好坚实的人才储备基础。二是以外交需求、实际问题为导向，凝炼目标，加强研究，展开讨论，在各类深海智库、深海活动主体和外交活动之间建立联系，形成能及时为我国外交提供支撑和服务的人才链。三是重视各类为深海规则提供智力支撑的专题研讨会，就会议的主题加强针对性的研究，做好预案，在主动参与的过程中提出问题、研究问题，不断提高我国参与和影响深海规则制定的实战能力，形成一支具备国际视野、技术与法律两方面基础扎实、与深海国际规则共进的中坚力量。

第八章 结　　语

当前在经济全球化进程中，随着全球气候变暖和北极海冰的快速消融，国际极地事务日益复杂。南极地区气候与环境变化加剧，一些大国已出台新的战略性举措，决心重振其南极强国地位。南极国际治理中出现的新议题，例如南极旅游、南极生物遗传资源勘探、南极地区大陆架划界纷争等都对现行的南极条约体系这一统领南极治理的国际法框架构成了挑战。

2012 年，党的十八大提出了建设海洋强国的宏伟目标；2017 年 10 月，十九大报告中关于"海洋"的重要指示是：在未来五年，实施区域协调发展战略。坚持陆海统筹，加快建设海洋强国。与十八大报告提出的"建设海洋强国"相比，十九大报告多了"加快"两个字。这也意味着，过去五年间，"蛟龙号"等中国海洋科技取得的一系列突出成果为建设海洋强国奠定了物质和技术的坚实基础，现在到了全面加快海洋强国建设的时候了。

极地在海洋强国战略中具有独特的作用，极地强国建设是海洋强国建设的重要组成部分。我国极地考察和研究工作经历了准备初创阶段(1980—2000 年)和发展壮大阶段(2001—2015 年)，当前已到了迈向极地强国建设的全新历史阶段(2015—2030 年)的起点上。①

第十二届全国人大常委会第十五次会议表决通过了新《国家安全法》，提出"战略新疆域"，将极地安全提升到与深海安

---

① 国家海洋局：《发扬南极精神，建设极地强国——访国家海洋局党组书记、局长王宏》2017 年 4 月 26 日，http://www.soa.gov.cn/zmhd/zxft/nlsxnjkcxtp_4808/201704/t20170426_55752.html。

全、外层空间安全同一高度。《国家安全法》第三十二条规定：
"国家坚持和平探索和利用外层空间、国际海底区域和极地，
增强安全进出、科学考察、开发利用的能力，加强国际合作，
维护我国在外层空间、国际海底区域和极地的活动、资产和其
他利益的安全。"①

在此背景下，极地问题研究需要围绕国家极地强国建设的目
标，结合快速而深刻变化的极地形势和我国极地战略需求，进一步
加强战略研究，力争为国家极地政策和立法的出台，以及极地权益
的维护提供智力支撑。

2014 年 11 月 20 日，在习近平主席访问新西兰之际，中新两
国发表联合声明，决定将"全面合作关系"提升为"全面战略伙伴关
系"，并在声明中特别强调扩大南极合作。同一天，两国签署《中
新两国政府关于南极合作的安排》，声明双方将进一步加强在南极
科学研究、环境保护、后勤支持以及南极事务等领域的合作，为共
同应对全球气候变化对南极的威胁、提升南极科考和后勤保障能
力、和平利用南极作出贡献。

11 月 19 日，中国与澳大利亚签署了《南极和南大洋双边合作
谅解备忘录》《国家海洋局与塔斯马尼亚州政府南极门户合作执行
计划》，双方将科学合作和环境保护合作，共同支持进入东南极并
开展科研作业、海冰预报等领域的合作；还将专门成立南极与南大
洋合作联合委员会，作为执行谅解备忘录的合作内容、决定并协调
合作活动的机构。塔斯马尼亚州政府与国家海洋局之间将在船运服
务、航空支持与服务、人员交流等领域建立合作关系。习主席的访
问及南极合作协议的签订显示出中国政府对中新、中澳关系和南极
合作的高度重视。

放眼未来，中国与澳、新之间的南极合作将有利于全面战略伙
伴关系的建设，也将是我国大周边外交，乃至海上丝绸之路战略构
想的组成部分，其重要性不言自明。在建设极地强国的时代背景

---

① 新华网：《授权发布：中华人民共和国国家安全法》2015 年 7 月 1
日，http://news.xinhuanet.com/legal/2015-07/01/c_1115787801_3.htm。

下，研究新西兰、澳大利亚等南极"标杆"国家的政策既是我国制定长远战略和具体政策的参考蓝本，也是进一步落实习主席访问成果，加强两国南极合作的重要前提，因此具有较为重要的价值和意义。

新西兰和澳大利亚在实现南极国家利益的优势方面有相同之处：一是邻近南极的地理之便以及都较早地参与了南极科考和探险；二是两国都形成了一套权责明晰、分工明确、协调有序的南极事务管理和研究机制。劣势方面，新西兰南极罗斯属地创建的法律基础较不充分；此外，其国力有限，在科研和后勤方面相当依赖国际合作。相比之下，澳大利亚南极领土的法律基础更为牢靠，它也是在维护南极主权方面最为强势的国家。但近年来，财政赤字成为制约澳大利亚南极科研和考察的最大掣肘，是其维护国家利益的主要劣势。澳、新两国都积极维护条约体系的稳定，并致力于争取在体系内部担当领导地位，提升自身影响力。此外，在实现南极国家利益的途径方面，两国都凭借领先的南极科学研究和科学考察实力保证本国在条约体系内部的话语权和影响力，还分别通过南极立法、发布战略利益声明、扩大南极宣传教育等方式实现和维护本国南极利益。

虽然中国的南极国家利益也有所不同，但澳、新实现南极利益的经验可以为我国提供一些有益的借鉴：第一是加大对南极科学研究的支持与投入，提高南极科学研究质量；第二是明确我国的南极角色定位，并在此基础上发布全面阐述我国南极战略和政策的官方文件；第三是高度重视人才培养与人才储备；第四是加强与新西兰和澳大利亚的南极合作，扩大南极外交；第五是参考澳、新的经验，形成一套权责明晰、分工明确、协调有序的南极事务管理与研究机制。

气候变化背景下南北两极的能源、资源争夺已成为极地国际问题日益突出的焦点，并将继续影响极地国际关系和相关国家的权益。国际社会围绕网络、外空、极地、国际海底等战略新疆域合作与竞争日益深入，新疆域成为各国争夺战略资源、拓展发展空间、谋求竞争优势的重要对象，也是国际关系博弈的新舞台。①

随着中国海外利益的不断扩大，国际地位向新兴世界大国的转变，中国外交战略日渐呈现出全球性的视野和布局，逐渐重视网络、外空、极地、国际海底等新疆域的利益保护，两极地区也在整体对外战略中的地位逐渐得到提升，成为亟待开拓的战略新空间。2015 年 7 月 1 日，第十二届全国人大常委会第十五次会议表决通过的新《国家安全法》表明极地正式进入国家战略视野。

中国在南极拥有合法的权益和现实的利益关切。温室效应所导致的气候变暖对南极环境与气候变化产生着巨大的影响，同样也深刻影响着中国的气候、环境和生态。如果南极冰层、冰架和冰河断裂融化，那么全球海平面势必上升，中国东部海岸线将随之后退，沿海人口最集中、经济最发达的地区将变成一片汪洋。

作为南极条约协商国，中国拥有条约体系赋予的合法权益，即：南极事务的参与权；南极科考和考察其他国家科考站及信息交流的权利；开发使用南极特定资源的权利；在南极对本国公民的执法权和保护权；和平使用南极海域及空域的权利。在此基础上，极地新疆域作为影响世界可持续发展和人类生存的战略制高点，其治理涉及政治、法律、经济、安全、科技、气候、环境、资源、海洋等多领域问题，考验着中国处理全球问题的领导能力和运筹能力。

回顾中国参与极地活动和极地治理的历程也是中国为和平利用极地、保护全球环境和应对气候变化不断作出贡献的过程。在拓展极地新疆域的时代背景下，积极参与极地治理，在有效维护自身权益的同时，推进人类共同利益，将极地作为彰显新兴大国责任的平台，提供更多的国际公共产品，这也是全面提升我国在极地事务的影响力和话语权，在极地治理演进过程中留下中国印记和贡献的有效路径。

---

① 参见杨洁篪：《在纷繁复杂的国际形势中开创中国外交新局面》，《国际问题研究》2014 年第 1 期，第 2 页；贾桂德：《关注"新疆域"秩序，服务国际法制建设》，《国际展望》2014 年第 6 期，第 1 页。

参 考 文 献

英文文献

1. Antarctic Tourism Workshop: Proceedings of the Antarctic Tourism Workshop, June 2000, Christchurch: Antarctica New Zealand, 2000.

2. Alexander, Lewis M. and Hanson, Lynne Carter. Antarctic Politics and Marine Resources: Critical Choices for the 1980s: Proceedings from the Eighth Annual Conference Held June 17-20, 1984, Kingston, R. I. : Center for Ocean Management Studies. University of Rhode Island, 1985.

3. Antarctic Division of New Zealand. Antarctic Achievements, 1957-1982: New Zealand's role in the Antarctic, Christchurch: Antarctic Division, Dept. of Scientific and Industrial Research, 1982.

4. Auckland District Law Society. How Strong is New Zealand's claim to the Ross Dependency? Auckland: Public Issues Committee of the Auckland District Law Society, 1979.

5. Auburn, F. M. The Ross Dependency. The Hague: Martinus Nijhoff, 1972. Brady, Anne-Marie edited. The Emerging Politics of Antarctica. Oxon: Routledge. 2013.

6. Beck, Peter. The International Politics of Antarctica, London: Croom Helm, 1986. Chaturedi, Sanjay. et al, India in the Antarctic: Scientific and Geopolitical Perspectives, New Delhi: South Asian Publishers, 2005.

7. Child, Jack. Antarctica and South American Geopolitics: Frozen

Lebensraum. New York: Praeger, 1988.

8. Elliott, Lorraine M. International Environmental Politics: Protecting the Antarctic. New York: St. Martin's Press, INC. , 1994.

9. External Intelligence Bureau of New Zealand. The strategic and Economic Significance of Antarctica. Wellington: The Bureau, Prime Minister's Dept, 1977.

10. Griffiths Tom. and Haward Marcus. G. Australia and the Antarctic Treaty System: 50 Years of Influence. Kensington: University of New South Wales Press, 2011.

11. Galvin, Noel. (ed.), Ministry of Energy. Environmental Council. Victoria University of Wellington, Policies on ice: New Zealand's Antarctic Policy Choices: a Report. Wellington: Ministry of Energy, 1988.

12. Hemmings, Alan D. , et al. Antarctic Security in the Twenty-First Century: Legal and Policy Perspectives. New York: Routledge, 2012.

13. Harrowfield, David L. , Call of the Ice: Fifty Years of New Zealand in Antarctica, Auckland: David Bateman, 2007.

14. Huston, S. Miranda. And Waterhouse, Emma J. Ross Sea Region 2001: The Next Steps: a Workshop to Build on the First Antarctic State of the Environment Report: Proceedings, 28-29 May 2002, Victoria University of Wellington. Christchurch: New Zealand Antarctica Institute, 2002.

15. Hatherton. Trevor. Antarctica: the Ross Sea Region. Wellington: DSIR Publishing, 1990.

16. Hay, John E. , et al. A Study of New Zealand Environmental Policy for Antarctica, Auckland: Antarctic Policy Group, Environmental Science. University of Auckland, 1989.

17. Hill, John. New Zealand and Antarctica: A Discussion Paper. Wellington: Commission for the Environment, 1983.

18. Historical Office, Bureau of Public Affairs. The Conference on

Antarctica. Washington D. C. : U. S. Government Printing Office, 1960.

19. International Union for Conservation of Nature and Natural Resources: A Strategy for Antarctic Conservation. 18th Session of the IUCN General Assembly draft document, 1 June 1990.

20. Joyner, Christopher C. Governing the Frozen Commons: The Antarctic Regime and Environmental Protection. Columbia: University of South Carolina Press, 1998.

21. Joyner, Christopher C. and Theis, Ethel R. Eagle over the Ice: The U. S. in the Antarctica. Hanover: University Press of New England, 1997.

22. Jørgensen-Dahl, Arnfinn and Østreng, Willy. The Antarctic Treaty System in World Politics. New York: St. Martin's Press, 1991.

23. Kriwoken, Lorne K. and Jabour, Julia. Hemmings, Alan D. , Looking South: Australia's Antarctic Agenda. Sydney: Federation Press, 2007.

24. Klaus Dodds. Geopolitics in Antarctica: Views from the Southern Oceanic Rim. Chichester: John Wiley & Sons Ltd, 1997.

25. Kelly, Philip. , Child, Jack. Geopolitics of the Southern Cone and Antarctica. Boulder: Lynne Rienner Pub, 1988.

26. Logan, Hugh. Cold Commitment: the Development of New Zealand's Territorial Role in Antarctica, 1920-1960: a Thesis Presented for the Degree of Master of Arts in History in the University of Canterbury, Christchurch, New Zealand, 1979.

27. Mericq, Luis S. Antarctica: Chile's Claim, Honolulu, Hawaii: University Press of the Pacific, 2004.

28. Martin, Debs. "We Run The Ice": A Critical Geopolitical Gaze on New Zealand's Relationship with the Ross Sea Region. Antarctica: A Thesis Submitted in Partial Fulfillment of the Requirements for the Degree of Master of Arts in Geography at the University of Canterbury, 2003.

29. Ministry of Foreign Affairs and Trade. Guidelines and Procedures for Visitors to the Ross Sea Region. Wellington: Ministry of Foreign Affairs and Trade, 1997.

30. Ministry of Foreign Affairs and Trade. New Zealand and Antarctica. Wellington: Ministry of Foreign Affairs and Trade of New Zealand, 1996.

31. Morris, Michael A. Great Power Relations in Argentina, Chile, and Antarctica. New York: St. Martin's Press, 1990.

32. Millar, T. B. Australia, Britain and Antarctica: Papers of a Conference Held at the Australian Studies Centre. London: Australian Studies Centre, Institute of Commonwealth Studies, University of London, 1986.

33. Myhre, Jeffrey D. The Antarctic Treaty System: Politics, Law and Diplomacy. Boulder: Westview Press, 1986.

34. Ministry of Foreign Affairs. Antarctica and New Zealand, Wellington: Ministry of Foreign Affairs of New Zealand, 1984.

35. National Research Council (U. S.) & Polar Research Board. Antarctic Treaty System: An Assessment, Washington. D. C. : National Academy Press, 1986.

36. New Zealand Institute of International Affairs. The Antarctic: Preferred Futures, Constraints and Choices: Proceedings of a seminar held by the New Zealand Institute of International Affairs at Wellington on 17 and 18 June 1983. Wellington: The Institute, 1983.

37. Peat Neville. Antarctic Partners: 50 Years of New Zealand and United States Cooperation in Antarctica, 1957-2007. Wellington: Ministry of Foreign Affairs and Trade in Association with Phantom House Books, 2007.

38. Peterson, Dean B. New Zealand Science in Antarctica and the Southern Ocean (2004-2009). Christchurch: Antarctica New Zealand, 2004.

39. Peterson, Dean B. A New Zealand Science Strategy for Antarctica and the Southern Ocean. Christchurch: Antarctica New Zealand, 1998.

40. Prior Stuart. Antarctica: View from a Gateway. Wellington: Centre for Strategic Studies. Victoria University of Wellington, 1997.

41. Peterson, M. J. Managing the Frozen South: the Creation and evolution of the Antarctic Treaty System. Berkeley: University of California Press, 1988.

42. Ross Dependency Research Committee. New Zealand and Antarctica Scientific Strategy. Wellington: Ross Dependency Research Committee of New Zealand, 1993.

43. Shapley, Deborah. The Seventh Continent: Antarctica in a Resource Age. Baltimore: John Hopkins University Press, 1985.

44. Triggs, Gillian D. and Riddell, Anna. Antarctica: Legal and Environmental Challenges for the Future. London: British Institute of International and Comparative Law, 2007.

45. Templeton, Malcolm. A Wise Adventure: New Zealand in Antarctica, 1920-1960. Wellington: Victoria University Press in Association with the New Zealand Institute of International Affairs, 2000.

46. Vining, Linda, Vining, Ross. Antarctica: Including New Zealand's Role. Wellington: s. n. , 1980.

47. Waterhouse, E. J. An Environmental Strategy for the Ross Sea Region: the New Zealand Approach to Managing Human Impacts in a Unique Region of Antarctica. Christchurch: Antarctica New Zealand, 1999.

中文文献

一、著作

1. 丁煌主编. 极地国家政策研究报告(2014—2015)[M]. 北京:科学出版社, 2015.

2. 潘敏. 国际政治中的南极：大国南极政策研究[M]. 上海：上海交通大学出版社，2015.

3. 丁煌主编. 极地国家政策研究报告(2013—2014)[M]. 北京：科学出版社，2014.

4. 祁怀高. 中国崛起背景下的周边安全与周边外交[M]. 北京：中华书局，2014.

5. 丁煌主编. 极地国家政策研究报告(2012—2013)[M]. 北京：科学出版社，2013.

6. 华薇娜，张侠. 南极条约协商国南极活动能力调研统计报告[M]. 北京：海洋出版社，2012.

7. 郭培清，石伟华. 南极政治问题的多角度探讨[M]. 北京：海洋出版社，2012.

8. 樊勇明，薄思胜. 区域公共产品理论与实践——解读区域合作新视点[M]. 上海：上海人民出版社，2011.

9. 王伟光. 利益论[M]. 北京：中国社会科学出版社，2010.

10. 薛桂芳，胡增祥编著. 海洋法理论与实践[M]. 北京：海洋出版社，2009.

11. 颜其德，朱建钢. 南极洲领土主权与资源权属问题研究[M]. 上海：上海科学技术出版社，2009.

12. 菲利帕·梅因·史密斯著，傅有强译. 新西兰史[M]. 北京：商务印书馆，2009.

13. 陈廷愚等. 南极洲地质发展与冈瓦纳古陆演化[M]. 北京：商务印书馆，2008.

14. 蔡拓. 全球化与政治转型[M]. 北京：北京大学出版社，2007.

15. 刘中民，修斌，郭培清等. 国际海洋政治专题研究[M]. 青岛：中国海洋大学出版社，2007.

16. 方长平. 国家利益的建构主义分析[M]. 北京：当代世界出版社，2002.

17. 陈立奇. 中国南北极考察[M]. 北京：海洋出版社，2000.

18. 国家海洋局极地考察办公室. 中国极地考察[M]. 北京：海洋出版社，1998.

19. 李占生等编译．南极条约体系［M］．天津：天津大学出版社，1997．

20. 邹克渊．南极矿物资源与国际法［M］．北京：北京大学出版社，1996．

21. 武衡，钱志宏主编．当代中国的南极考察事业［M］．北京：当代中国出版社，1994．

22. 颜其德等．冰雪世界的资源［M］．北京：海洋出版社，1992．

23. 德博拉·沙普利．第七大洲——资源时代的南极洲［M］．北京：中国环境科学出版社，1990．

24. 位梦华，郭琨编著．南极政治与法律［M］．北京：法律出版社，1989．

25. 中国大百科全书编委会．中国大百科全书(哲学卷)［M］．北京：中国大百科全书出版社，1987．

26. 张青松．南极考察与探索［M］．北京：科学出版社，1987．

27. 位梦华．奇异的大陆——南极洲［M］．北京：地质出版社，1986．

二、学术论文

1. 阮建平．南极政治的进程、挑战与中国的参与战略——从地缘政治博弈到全球治理［J］．太平洋学报，2016(12)．

2. 陈玉刚，王婉潞．试析中国的南极利益与权益［J］．吉林大学社会科学学报，2016(4)．

3. 陈力．南极治理机制的挑战与变革［J］．国际观察，2014(2)．

4. 陈力．论南极海域的法律地位［J］．复旦学报(社会科学版)，2014(5)．

5. 陈玉刚．试析南极地缘政治的再安全化［J］．国际观察，2013(3)．

6. 陈力．南极国际治理：从南极协商国会议迈向永久性国际组织？［J］．复旦学报(社会科学版)，2013(3)．

7. 陈玉刚．批判地缘政治学与南极地缘政治的发展［J］．世界经济与政治，2012(10)．

8. 南京大学信息管理学院网络信息资源研究小组．极地科技论文

分布与极地大国的研究优势[J]，2012.

9. 中国科学院可持续发展战略研究组. 2012 年中国可持续发展战略研究报告[J]，2012.

10. 沈鹏. 美国的极地资源开发政策考察[J]. 国际政治研究，2012（1）.

11. 梁进社，王红瑞，壬天龙. 中国经济社会发展的资源瓶颈和环境约束[J]. 经济研究参考，2011（1）.

12. 潘敏. 南极矿物资源制度面临的挑战[J]. 现代国际关系，2011（6）.

13. 潘敏. 新西兰"南极政治"国际学术研讨会综述[J]. 中国海洋大学学报，2011（1）.

14. 刘斌. 南极大陆架的国际法探析[J]. 海洋开发与管理，2010（5）.

15. 顾婷. 南极旅游：现实挑战与法律应对[J]. 政治与法律，2010（3）.

16. 徐敬森，孙立广，王希华. 澳大利亚南极政策浅析[J]. 极地研究，2010（3）.

17. 胡德坤，唐静瑶. 南极领土争端与《南极条约》的签署[J]. 武汉大学学报，2010（1）.

18. 安玛丽·布蕾蒂. 新西兰与南极[J]. 中国海洋大学学报，2010（4）.

19. 国际极地年中国行动委员会. 国际极地年（IPY）中国行动计划简介[J]. 极地研究，2009（3）.

20. 郭培清，石伟华. 试析南极科学与南极政治的关系[J]. 中国海洋大学学报（社会科学版），2009（6）.

21. 郭培清，石伟华. 马来西亚南极政策的演变（1982—2008 年）[J]. 中国海洋大学学报，2009（3）.

22. 吴依林. 从南极条约体系演化看矿产资源问题[J]. 中国海洋大学学报（社会科学版），2009（5）.

23. 吴依林. 澳新南极战略研究[J]. 海洋开发与管理，2008（9）.

24. 颜其德，朱建刚.《南极条约》和领土主张要求[J]. 海洋开发

与管理, 2008(4).

25. 张林. 南极条约体系与我国南极区域海洋权益的维护[J]. 海洋开发与管理, 2008(2).

26. 郭培清. 南极的资源与资源政治[J]. 海洋世界, 2007(3).

27. 郭培清. 印度南极政策的演变[J]. 南亚研究季刊, 2007(2).

28. 郭培清. 美国南极洲政策中的苏联因素[J]. 中国海洋大学学报(社会科学版), 2007(2).

29. 郭培清. 南极洲与联合国关系辨析[J]. 太平洋学报, 2006(5).

30. 朱建钢, 颜其德, 凌晓良. 南极资源纠纷及我国的相应对策[J]. 极地研究, 2006(3).

31. 郭培清. 美国政府的南极政策与《南极条约》的形成[J]. 世界历史, 2006(1).

32. 颜其德, 胡领太. 南极洲政治前景浅析[J]. 极地研究, 2005(3).

33. 朱建钢, 颜其德, 凌晓良. 南极资源纠纷及其开发利用前景分析[J]. 中国软科学, 2005(8).

34. 李升贵, 潘敏. 中国南极软科学研究的意义、现状与展望[J]. 极地研究, 2005(3).

35. 陈永祥. 中国极地考察独具特色的后勤保障体系[J]. 海洋开发与管理, 2004(5).

36. 阮振宇. 南极条约体系与国际海洋法：冲突与协调[J]. 复旦学报(社会科学版), 2001(1).

37. 李薇薇. 南极环境损害责任制度的新发展[J]. 法学评论, 2000(3).

38. 李锐. 智利的国家南极政策[J]. 全球科技经济瞭望, 2000(12).

39. 陈立奇. 南极考察回顾及今后极地研究进展[J]. 地球科学进展, 1997(2).

40. 徐世杰. 澳大利亚在南极的考察研究[J]. 世界环境, 1997(3).

41. 邹克渊. 两极地区的法律地位[J]. 海洋开发与管理, 1996(2).

42. 邹克渊. 南极条约体系与第三国[J]. 中外法学, 1995(5).

43. 邹克渊. 规范未来南极矿物资源开发利用的法律原则[J]. 海洋开发与管理, 1994(3).

常用网站

1. 国家海洋局极地考察办公室, http://www.chinare.gov.cn/caa/。

2. 中国极地研究中心, http://www.pric.gov.cn/。

3. 南极条约秘书处(Secretariat of the Antarctic Treaty), http://www.ats.aq/。

4. 南极科学研究委员会(The Scientific Committee on Antarctic Research, SCAR), http://www.scar.org。

5. 国家南极局局长理事会(the Council of Managers of National Antarctic Program, COMNAP), http://www.comnap.aq。

6. 国际南极旅游业者协会(International Association of Antarctica Tour Operators, IAATO), http://iaato.org/tourism-statistics。

7. 澳大利亚南极局(Australian Antarctic Division), http://www.aad.gov.au。

8. 新西兰南极局(Antarctica New Zealand), http://antarcticanz.govt.nz/。

附　　录

附录一　《南极条约》

（1959 年 12 月 1 日订于华盛顿 1961 年 6 月 23 日生效）

阿根廷、澳大利亚、比利时、智利、法兰西共和国、日本、新西兰、挪威、南非联邦、苏维埃社会主义共和国联盟、大不列颠及北爱尔兰联合王国和美利坚合众国政府，承认为了全人类的利益，南极应永远专为和平目的而使用，不应成为国际纷争的场所和对象；认识到在国际合作下对南极的科学调查，为科学知识作出了重大贡献；确信建立坚实的基础，以便按照国际地球物理年期间的实践，在南极科学调查自由的基础上继续和发展国际合作，符合科学和全人类进步的利益；并确信保证南极只用于和平目的和继续保持在南极的国际和睦的条约将促进联合国宪章的宗旨和原则；协议如下：

第一条

一、南极应只用于和平目的。一切具有军事性质的措施，例如建立军事基地，建筑要塞，进行军事演习以及任何类型武器的试验等等，均予禁止。

二、本条约不禁止为了科学研究或任何其他和平目的而使用军事人员或军事设备。

第二条

在国际地球物理年内所实行的南极科学调查自由和为此目的而进行的合作，应按照本条约的规定予以继续。

第三条

一、为了按照本条约第二条的规定，在南极促进科学调查方面的国际合作，缔约各方同意在一切实际可行的范围内：

（甲）交换南极科学规划的情报，以便保证用最经济的方法获得最大的效果；

（乙）在南极各考察队和各考察站之间交换科学人员；

（丙）南极的科学考察报告和成果应予交换并可自由得到。

二、在实施本条款时，应尽力鼓励同南极具有科学和技术兴趣的联合国专门机构以及其他国际组织建立合作的工作关系。

第四条

一、本条约的任何规定不得解释为：

（甲）缔约任何一方放弃在南极原来所主张的领土主权权利或领土的要求。

（乙）缔约任何一方全部或部分放弃由于它在南极的活动或由于它的国民在南极的活动或其他原因而构成的对南极领土主权的要求的任何根据。

（丙）损害缔约任何一方关于它承认或否认任何其他国家在南极的领土主权的要求或要求的根据的立场。

二、在本条约有效期间所发生的一切行为或活动，不得构成主张、支持或否定对南极的领土主权的要求的基础，也不得创立在南极的任何主权权利。在本条约有效期间，对在南极的领土主权不得提出新的要求或扩大现有的要求。

第五条

一、禁止在南极进行任何核爆炸和在该区域处置放射性尘埃。

二、如果在使用核子能包括核爆炸和处置放射性尘埃方面达成国际协定，而其代表有权参加本条约第九条所列举的会议的缔约各方均为缔约国时，则该协定所确立的规则均适用于南极。

第六条

本条约的规定应适用于南纬 60° 以南的地区，包括一切冰架；但本条约的规定不应损害或在任何方面影响任何一个国家在该地区内根据国际法所享有的对公海的权利或行使这些权利。

第七条

一、为了促进本条约的宗旨,并保证这些规定得到遵守,其代表有权参加本条约第九条所述的会议的缔约各方,应有权指派观察员执行本条所规定的任何视察。观察员应为指派他的缔约国的国民。观察员的姓名应通知其他有权指派观察员的缔约每一方,对其任命的终止也应给以同样的通知。

二、根据本条第一款的规定所指派的每一个观察员,应有完全的自由在任何时间进入南极的任何一个或一切地区。

三、南极的一切地区,包括一切驻所、装置和设备,以及在南极装卸货物或人员的地点的一切船只和飞机,应随时对根据本条第一款所指派的任何观察员开放,任其视察。

四、有权指派观察员的任何缔约国,可于任何时间在南极的任何或一切地区进行空中视察。

五、缔约每一方,在本条约对它生效时,应将下列情况通知其他缔约各方,并且以后应事先将下列情况通知它们:

(甲)它的船只或国民前往南极和在南极所进行的一切考察,以及在它领土上组织或从它领土上出发的一切前往南极的考察队;

(乙)它的国民在南极所占有的一切驻所;

(丙)它依照本条约第一条第二款规定的条件,准备带进南极的任何军事人员或装备。

第八条

一、为了便利缔约各方行使本条约规定的职责,并且不损害缔约各方关于在南极对所有其他人员行使管辖权的各自立场,根据本条约第七条第一款指派的观察员和根据本条约第三条第一款(乙)项而交换的科学人员以及任何这些人员的随从人员,在南极为了行使他们的职责而在逗留期间发生的一切行为或不行为,应只受他们所属缔约一方的管辖。

二、在不损害本条第一款的规定,并在依照第九条第一款(戊)项采取措施以前,有关的缔约各方对在南极行使管辖权的任何争端应立即共同协商,以求达到相互可以接受的解决。

第九条

一、本条约序言所列缔约各方的代表，应于本条约生效之日后两个月内在堪培拉城开会，以后并在合适的期间和地点开会，以便交换情报、共同协商有关南极的共同利益问题，并阐述、考虑以及向本国政府建议旨在促进本条约的原则和宗旨的措施，包括关于下列各方的措施：

（甲）南极只用于和平目的；

（乙）便利在南极的科学研究；

（丙）便利在南极的国际科学合作；

（丁）便利行使本条约第七条所规定的视察权利；

（戊）关于在南极管辖权的行使问题；

（己）南极有生资源的保护与保存。

二、任何根据第十三条而加入本条约的缔约国当其在南极进行例如建立科学站或派遣科学考察队的具体的科学研究活动而对南极表示兴趣时，有权委派代表参加本条第一款中提到的会议。

三、本条约第七条提及的观察员的报告，应送交参加本条第一款所述的会议的缔约各方的代表。

四、本条第一款所述的各项措施，应在派遣代表参加考虑这些措施的会议的缔约各方同意时才能生效。

五、本条约确立的任何或一切权利自本条约生效之日起即可行使，不论对行使这种权利的便利措施是否按照本条的规定而已被提出、考虑或同意。

第十条

缔约每一方保证作出符合联合国宪章的适当的努力，务使任何人不得在南极从事违反本条约的原则和宗旨的任务活动。

第十一条

一、如两个或更多的缔约国对本条约的解释或执行发生任何争端，则该缔约各方应彼此协商，以使该争端通过谈判、调查、调停、和解、仲裁、司法裁决或它们自己选择的其他和平手段得到解决。

二、没有得到这样解决的任何这种性质的争端，在有关争端所有各方都同意时，应提交国际法院解决；但如对提交国际法院未能达成协议，也不应解除争端各方根据本条第一款所述的各种和平手段的任何一种继续设法解决该争端的责任。

第十二条

一、

(甲)经其代表有权参加第九条规定的会议的缔约各方的一致同意，本条约可在任何时候予以变更或修改。任何这种变更或修改应在保存国政府从所有这些缔约各方接到它们已批准这种变更或修改的通知时生效。

(乙)这种变更或修改对任何其他缔约一方的生效，应在其批准的通知已由保存国政府收到时开始。任何这样的缔约一方，依照本条第一款(甲)项的规定变更或修改开始生效的两年期间内尚未发出批准变更或修改的通知，应认为在该期限届满之日已退出本条约。

二、

(甲)如在本条约生效之日起满三十年后，任何一个其代表有权参加第九条规定的会议的缔约国用书面通知保存国政府的方式提出请求，则应尽快举行包括一切缔约国的会议，以便审查条约的实施情况。

(乙)在上述会议上，经出席会议的大多数缔约国，包括其代表有权参加第九条规定的会议的大多数缔约国，所同意的本条约的任何变更或修改，应由保存国政府在会议结束后立即通知一切缔约国，并应依照本条第一款的规定而生效。

(丙)任何这种变更或修改，如在通知所有缔约国之日以后两年内尚未依照本条第一款(甲)项的规定生效，则任何缔约国得在上述时期届满后的任何时候，向保存国政府发出其退出本条约的通知；这样的退出应在保存国政府接到通知的两年后生效。

第十三条

一、本条约须经各签字国批准。对于联合国任何会员国，或经其代表有权参加本条约第九条规定的会议的所有缔约国同意而邀请加入本条约的任何其他国家，本条约应予开放，任其加入。

二、批准或加入本条约应由各国根据其宪法程序实行。

三、批准书和加入书应交存于美利坚合众国政府，该国政府已被指定为保存国政府。

四、保存国政府应将每个批准书或加入书的交存日期、本条约的生效日期以及对本条约任何变更或修改的日期通知所有签字国和加入国。

五、当所有签字国都交存批准书时，本条约应对这些国家和已交存加入书的国家生效。此后本条约应对任何加入国在它交存其加入书时生效。

六、本条约应由保存国政府按照联合国宪章第 102 条进行登记。

第十四条

本条约用英文、法文、俄文和西班牙文写成，每种文本具有同等效力。本条约应交存于美利坚合众国政府的档案库中。美利坚合众国政府应将正式证明无误的副本送交所有签字国和加入国政府。

下列正式受权的全权代表签署本条约以资证明。

1959 年 12 月 1 日订于华盛顿。

附录二 《南极海洋生物资源养护公约》

各缔约方：

承认保护南极周围海域环境和生态系统完整性的重要意义；

注意到在南极水域中发现的海洋生物资源的集中度，以及对利用这些资源作为蛋白源的可能性的兴趣日益增加；

意识到保证养护南极海洋生物资源的迫切性；

考虑到必须加强对南极海洋生态系统及其组成部分的了解，以便能够根据可靠的科学信息作出捕捞决定；

相信保护海洋生物资源需要国际合作，而这种国际合作应适当考虑《南极条约》的规定，并有在南极水域从事研究和捕捞活动的所有国家的积极参与；

认识到《南极条约》协商国在保护南极环境，特别是根据《南极条约》第九条第一款第(己)项在保护和养护南极生物资源方面所负的主要责任；

忆及《南极条约》协商国业已采取的行动，特别是《南极动植物保护议定措施》及《南极海豹保护公约》的规定；

铭记协商国在第九次《南极条约》协商会议上对南极海洋生物资源养护所表示的关切和导致产生本公约的第九次《南极条约》协商会议第二项建议中各条款的重要性；

相信确保南极大陆周围水域仅用于和平目的，避免使其成为国际纷争的场所和目标，符合全人类的利益；

认识到鉴于上述考虑有必要建立适当的机制，以推荐、促进、决定和协调为养护南极海洋生物所必要的措施及科学研究；

协议如下：

第一条

一、本公约适用于南纬 60 度以南和该纬度与构成南极海洋生态系统一部分的南极幅合带之间区域的南极海洋生物资源。

二、南极海洋生物资源意指南极幅合带以南水域的鱼类、软体动物、甲壳动物和包括鸟类在内的所有其他生物种类。

三、南极海洋生态系统系指南极海洋生物资源相互间以及其与自然环境之间的复合关系。

四、南极幅合带应被视为连接下列经纬线各点的一条水域带：

50°S，0°；50°S，30°E；45°S，30°E；45°S，80°E；55°S，80°E；55°S，150°E；60°S，150°E；60°S，50°W；50°S，50°W；50°S，0°。

第二条

一、本公约之目的是养护南极海洋生物资源。

二、为本公约的目的，"养护"一词包括合理利用。

三、在本公约适用区内的任何捕捞及有关活动，都应根据本公约规定和下述养护原则进行；

（一）防止任何被捕捞种群的数量低于能保证其稳定补充的水平，为此，其数量不应低于接近能保证年最大净增量的水平；

（二）维护南极海洋生物资源中被捕捞种群数量、从属种群数量和相关种群数量之间的生态关系；使枯竭种群恢复到本款第（一）项规定的水平。

（三）考虑到目前捕捞对海洋生态系统的直接和间接影响、引进外来物种的影响、有关活动的影响，以及环境变化的影响方面的现有知识，要防止在近二三十年内南极海洋生态系统发生不可逆转的变化或减少这种变化的风险，以可持续养护南极海洋生物资源。

第三条

各缔约方，不论其是否为《南极条约》缔约国，同意不在《南极条约》地区内从事任何违背《南极条约》原则和目的的活动，并同意其相互关系受《南极条约》第一条和第五条所规定的义务的约束。

第四条

一、各缔约方，不论其是否为《南极条约》缔约国，在《南极条约》地区，其相互关系受《南极条约》第四条和第六条的约束。

二、本公约任何条款，以及在本公约有效期内发生的任何行为或活动都不得：

（一）构成主张、支持或否认《南极条约》地区内领土主权要求的基础，或在《南极条约》地区创设任何主权权利；

（二）解释为任何缔约方在本公约适用区内放弃、削弱或损害根据国际法行使沿海国管辖权的任何权利、主张或这种主张的依据；

（三）解释为损害任何缔约方承认或不承认这种权利、主张或主张的依据的立场；

（四）影响《南极条约》第四条第二款关于在《南极条约》有效期内不得对南极提出任何新的领土主权要求或扩大现有要求的规定。

第五条

一、非《南极条约》缔约国的本公约缔约方，承认《南极条约》协商国对保护和养护《南极条约》地区的环境负有的特别义务和责任。

二、非《南极条约》缔约国的本公约缔约方，同意他们在《南极条约》地区的活动将适当遵守《南极动植物养护议定措施》和《南极条约》协商国为履行其保护南极环境免受人类各种有害干扰的职责而建议的其他措施。

三、为本公约目的，"《南极条约》协商国"系指派代表参加《南极条约》第九条规定的会议的《南极条约》缔约国。

第六条

本公约的任何条款，都无损于《国际捕鲸公约》和《南极海豹保护公约》赋予缔约方的权利和义务。

第七条

一、各缔约方特此设立南极海洋生物资源养护委员会（以下简称委员会）。

二、委员会成员资格如下：

（一）参加通过本公约会议的各缔约方，都应成为委员会的成员；

（二）根据本公约第二十九条加入本公约的每一个国家，若从事了本公约适用的海洋生物资源的研究或捕捞活动，应有资格成为委员会成员；

（三）根据本公约第二十九条加入本公约的任何区域经济一体

化组织，如其成员国有资格成为委员会成员，其应有资格成为委员会成员；

（四）依照本款第（二）项和第（三）项请求参加委员会工作的缔约方，应将其请求成为委员会成员的依据和接受现行养护措施的意愿通知公约保存国。保存国应将该通知及附带信息分送委员会各成员。委员会任何成员自收到保存国来文后 2 个月内，可要求召开委员会特别会议讨论这一问题。保存国收到此要求后，应召开特别会议。如果没有提出召开特别会议的要求，提交该通知的缔约方应被视为已满足委员会成员的资格要求。

三、委员会的每个成员可派一名代表、数名副代表和顾问。

第八条

委员会具有法人资格，并在各缔约方境内享有为履行其职责和实现本公约目的所必需的法律权力。委员会及其工作人员在一个缔约方境内享有的特权和豁免，应根据委员会与有关缔约方之间的协议确定。

第九条

一、委员会的职责是实现本公约第二条规定的目的和原则，为此，委员会应：

（一）促进对南极海洋生物资源和南极海洋生态系统的广泛调查研究；

（二）汇编南极海洋生物资源种群现状和变化以及影响被捕捞种类、从属或相关种类或种群之分布、集中度和生产力诸要素的资料；

（三）确保获得被捕捞种群的捕获量和努力量的统计数字；

（四）分析、分发和出版本款第（二）项和第（三）项所指信息和科学委员会的报告；

（五）确定养护需求，并分析养护措施的有效性；

（六）根据本条第五款的规定，以现有的最佳科学论证为依据，制定、通过和修订养护措施；

（七）执行依据本公约第二十四条确立的观察和检查制度；

（八）开展为实现本公约的目的所必要的其他活动。

二、本条第一款第(六)项提到的养护措施包括:

(一)确定公约适用区内任何被捕捞种类的可捕量;

(二)根据南极海洋生物资源的种群分布情况,确定区域或次区域;

(三)确定区域或次区域中种群的可捕量;

(四)确定受保护的种类;

(五)确定可捕捞种类的大小、年龄并在适当时确定性别;

(六)确定捕捞季节和禁捕季节;

(七)为科学研究或养护目的确定捕捞和禁捕地区、区域或次区域,包括用于保护和科学研究的特别区域;

(八)为避免在任何区域或次区域出现不适当的集中捕捞,规定使用的捕捞努力量和捕捞方式,包括渔具;

(九)采取委员会认为实现本公约目的所必要的其他养护措施,包括关于捕捞和相关活动对海洋生态系统中被捕捞种群以外的其他成分的影响的措施。

三、委员会应出版和保存所有现行养护措施的记录。

四、委员会在行使本条第一款规定的职能时应充分考虑科学委员会的建议和意见。

五、委员会应充分考虑根据《南极条约》第九条举行的协商会议或负责可能进入本公约适用区内之物种的渔业委员会制定或建议的任何有关措施或规定,以避免缔约方在这些规定或措施的权利和义务方面与委员会可能通过的养护措施之间出现不一致。

六、委员会根据本公约通过的养护措施,将由委员会成员按下列方式实施:

(一)委员会应将养护措施通知委员会所有成员;

(二)除本款第(三)项和第(四)项的规定之外,养护措施将在通知之后第180天起对委员会所有成员生效;

(三)如果委员会成员在收到本款第(一)项所述的通知之后90天内通知委员会,声明不能全部或部分接受该养护措施,则声明所指部分对该成员无效;

(四)如果委员会的任何成员对根据本款第(三)项提出的程序

有异议，委员会可以应任一成员的要求开会审议该养护措施。在会议期间以及会后的 30 天内，委员会的任何成员都有权宣布不再接受该养护措施，在这种情况下，该成员不再受该养护措施的约束。

第十条

一、如果委员会认为某一非缔约方国家的国民或船只从事的任何活动，影响了本公约目标的实施，委员会应提请该国注意。

二、如果委员会认为任何活动影响了某个缔约方实施本公约目标或履行本公约义务，委员会应提请所有缔约方注意。

第十一条

对于在公约适用区和毗邻海区内同时存在的任何种群或相关种群的保护问题，委员会应寻求与可对毗邻海区行使管辖权的缔约方合作，以协调对这些种群的养护措施。

第十二条

一、委员会对实质性事项的决定应在协商一致的基础上作出，一个问题是否具有实质性质，应当按实质性事项来对待。

二、对第一款之外其他事项的决定，应由出席会议并参加投票的委员会成员以简单多数的方式通过。

三、委员会对需要表决的任何事项进行审议时，应当明确区域经济一体化组织是否参加表决，如果参加表决，其成员是否也参加表决。参加表决的缔约方数目不应超过该区域经济一体化组织在委员会中的成员数目。

四、在根据本条进行表决时，一个区域经济一体化组织应只有一票表决权。

第十三条

一、委员会总部设在澳大利亚塔斯马尼亚的霍巴特。

二、委员会应举行例行年会。经 1/3 成员要求，或本公约另有规定，亦可召开其他会议。如果缔约方中有两个以上国家在公约适用区内进行了捕捞活动，则委员会首次会议应在本公约生效后三个月内举行。但无论如何，首次会议应在公约生效后一年内举行。考虑到签署国的广泛代表性对委员会的有效运作是必要的，保存国应同签署国就首次会议进行协商。

三、保存国应在委员会总部召开首次会议，除非委员会另有决定，以后各次会议均应在委员会总部举行。

四、委员会应从其成员中选举主席和副主席各一名，任期两年，并可连选连任一届。但首任主席的首届任期为三年，主席和副主席不应是同一缔约方的代表。

五、委员会应制定并在必要时修改会议议事规则，但本公约第十二条规定的事项除外。

六、委员会可根据履行其职责的需要建立必要的附属机构。

第十四条

一、缔约方特此建立南极海洋生物资源养护科学委员会（以下简称科学委员会）作为委员会的咨询机构。除另有决定外，科学委员会会议一般应在委员会总部举行。

二、委员会的每一成员均是科学委员会的成员，并均可指定具有适当科学资格的一名代表和数名专家、顾问。

三、根据特别需要，科学委员会可以征求其他科学家和专家的意见。

第十五条

一、在收集、研究和交换公约所适用的海洋生物资源的信息方面，科学委员会应提供一个协商和合作的论坛。为扩大对南极海洋生态系统中海洋生物资源的了解，科学委员会应鼓励并促进科学研究领域的合作。

二、科学委员会应按委员会根据本公约目的而给予的指示开展活动，并应：

（一）制定用于确定本公约第九条所述的养护措施的标准和方法；

（二）定期评估南极海洋生物资源种群的现状和趋势；

（三）分析捕捞对南极海洋生物资源种群的直接与间接影响的数据；

（四）对改变捕获方法或捕获水平的建议以及养护措施的建议的影响进行评估；

（五）按要求或主动向委员会提交对实施本公约目的的措施和

研究进行的评估、分析、报告和建议;

(六)为实施国际或国家南极海洋生物资源研究规划提出建议。

三、在行使其职能的过程中,科学委员会应考虑到其他有关科学技术组织的工作和《南极条约》框架内进行的科学活动。

第十六条

一、科学委员会的首次会议,应在委员会首次会议之后的 3 个月内举行。其后,科学委员会可根据其履行职能的需要经常举行会议。

二、科学委员会应通过并根据需要修改议事规则。议事规则及其任何修正案,应由委员会批准。议事规则中应包括少数成员提出报告的程序。

三、经委员会批准,科学委员会可根据履行其职能的需要建立必要的附属机构。

第十七条

一、委员会应根据其确定的程序、条款和条件,任命一名执行秘书,为委员会和科学委员会服务。执行秘书的任期为 4 年,可以连任。

二、委员会应根据需要确定秘书处工作人员的编制,执行秘书应根据委员会确定的有关规则、程序、条款和条件,任命、指导和监督上述工作人员。

三、执行秘书和秘书处应行使委员会委托的职能。

第十八条

委员会和科学委员会的正式语言为英语、法语、俄语和西班牙语。

第十九条

一、在每次年会上,委员会应以协商一致方式通过委员会和科学委员会预算。

二、委员会、科学委员会及任何附属机构的预算草案,应由执行秘书制定,并至少在委员会年会召开前 60 天提交委员会各成员。

三、委员会各成员均应为预算缴款。在本公约生效后的 5 年内,委员会各成员的缴款应均等。其后,缴款将根据捕捞量和委员会各成员均摊这两条标准决定。委员会应按照协商一致的方式决定两条标准的适用比例。

四、委员会和科学委员会的财务活动应根据委员会通过的财务条例进行，并由委员会遴选的外聘审计员进行年度审计。

五、出席委员会和科学委员会会议的费用由委员会各成员自行负担。

六、如果委员会的一个成员连续 2 年不缴款，那么在违约期间，无权参加委员会的表决。

第二十条

一、委员会成员应尽其最大可能每年向委员会和科学委员会提供两委员会为行使职能所需要的统计、生物学及其他数据和信息。

二、委员会成员应按规定的方式和时间间隔提交包括捕捞区域和捕捞船舶在内的捕捞信息，以便汇编可靠的捕捞量和努力量统计数据。

三、委员会成员应按规定的时间间隔，向委员会提供为落实委员会通过的养护措施而采取的步骤。

四、委员会成员同意，在其一切捕捞活动中，应利用机会收集评估捕捞影响所需的数据。

第二十一条

一、各缔约方应尽其所能，采取适当措施，确保遵守本公约规定和委员会通过的根据本公约第九条对各成员有约束力的各项养护措施。

二、各缔约方应将根据本条第一款制定的措施，包括对任何违约行动的制裁措施，通报委员会。

第二十二条

一、在遵守《联合国宪章》的前提下，各缔约方应尽力杜绝任何违背公约目的的活动。

二、各缔约方应将其知悉的任何此种活动通报委员会。

第二十三条

一、在属于《南极条约》协商国职权范围内的事项上，委员会和科学委员会应与之合作。

二、委员会和科学委员会应酌情与联合国粮农组织及其他专门机构合作。

三、委员会和科学委员会应酌情寻求同能促进其工作的政府间和非政府组织发展合作工作关系。这些组织包括：南极研究科学委员会、海洋研究科学委员会和国际捕鲸委员会。

四、委员会可与本条提及的组织和其他适当组织达成协议。委员会和科学委员会可邀请这些组织派观察员出席其会议及其附属机构的会议。

第二十四条

一、为促进本公约目的并确保本公约条款得以遵守，缔约方同意建立观察和检查制度。

二、观察和检查制度应由委员会按下列原则确立：

(一)考虑到现行国际惯例，缔约方之间应彼此合作，确保观察和检查制度的有效实施。该制度中特别应包括委员会成员指派的观察员和检查员登临检查的程序以及船旗国根据登临检查获得的证据进行起诉和制裁的程序。进行这种起诉和制裁的报告，应包括在本公约第二十一条所述的通报内容中。

(二)为检查依据本公约制定的措施的遵守情况，委员会成员指派的观察员和检查员应按照委员会制定的条款和条件，在公约适用区内从事海洋生物资源科学研究或捕捞的船舶上进行观察和检查。

(三)指派的观察员和检查员须受其所属缔约方的管辖。他们应向指派他们的委员会成员报告，并由该委员会成员向委员会报告。

三、在建立观察和检查制度之前，委员会成员应寻求建立指派观察员和检查员的临时安排，临时指派的观察员和检查员，有权按本条第二款原则进行检查。

第二十五条

一、如果两个或两个以上缔约方之间就本公约的解释或适用发生争端，这些缔约方应在其内部进行协商，以便通过谈判、调查、调停、调解、仲裁、司法解决或他们自行选择的其他和平方式加以解决。

二、不能如此解决的任何此类性质的争端，应经争端各方同意后提交国际法院或交付仲裁解决；但如果不能就提交国际法院或交付仲裁达成协议，争端各当事方有责任继续通过本条第一款所述的各种和平方式寻求解决。

三、在争端交付仲裁的情况下，应按本公约附件的规定组成仲裁法庭。

第二十六条

一、本公约自 1980 年 8 月 1 日至 12 月 31 日在堪培拉对参加 1980 年 5 月 7 日至 20 日在堪培拉召开的南极海洋生物资源养护会议的国家开放签署。

二、上述签署国家为公约原始签署国。

第二十七条

一、本公约须经签署国的批准、接受或核准。

二、批准书、接受书或核准书应存放于澳大利亚政府，兹指定该政府为公约保管机关。

第二十八条

一、本公约应在第二十六条第一款所述国家交存了第八份批准书、接受书或核准书之日后第 30 天起生效。

二、对于在本公约生效以后交存批准书、接受书、核准书或加入书的国家和区域经济一体化组织，本公约应在其交存之日后第 30 天起生效。

第二十九条

一、本公约应向对本公约适用的海洋生物资源的研究或捕捞活动感兴趣的任何国家开放，供其加入。

二、本公约对由主权国家组成的其成员国包括一个或几个委员会成员且其成员国已向其全部或部分地让渡了本公约所涵盖问题的职能的区域经济一体化组织开放。此类区域经济一体化组织加入本公约须经委员会成员协商决定。

第三十条

一、本公约可随时修正。

二、如果委员会 1/3 成员要求召开会议讨论一项修正建议，保存国应召集会议。

三、在保存国收到委员会所有成员对修正案的批准书、接受书或核准书时，该修正案即生效。

四、在保存国收到任何其他缔约方的批准、接受或核准通知时，修正案对该缔约方生效。在该修正案根据本条第三款的规定生效之日起一年内，任何其他缔约方如未向保存国提交此类通知，应被认为已退出本公约。

第三十一条

一、任何缔约方可在任何一年的 6 月 30 日退出本公约，但不得晚于当年 1 月 1 日以前书面通知保存国，保存国在收到退约通知后，应立即通知其他缔约方。

二、在收到退约通知副本之后的 60 天内，其他任何缔约方都可以向保存国提交书面退约通知，在这种情况下，公约将在当年 6 月 30 日对提交退约通知的缔约方失效。

三、委员会的任何成员退约，不影响其依照本公约规定所承担的财政义务。

第三十二条

保存国应通知各缔约方：

(一)对本公约的签署及批准书、接受书、核准书或加入书的交存；

(二)本公约及其任何修正案生效的日期。

第三十三条

一、本公约的英文、法文、俄文及西班牙文文本具有同等效力，应存放于澳大利亚政府。该政府应将核正无误的公约副本分送所有签署国和加入国。

二、本公约应由保存国根据《联合国宪章》第一百零二条予以登记。

一九八〇年五月二十日订于堪培拉。

关于仲裁法庭的附件

一、第二十五条第三款中所提及的仲裁法庭，应由按下述方式指派的三名仲裁员组成：

（一）提起仲裁程序的一方应将一名仲裁员的姓名通知另一方，另一方则应在收到通知之后 40 天内将第二名仲裁员的姓名通知提起仲裁程序一方。在指派第二名仲裁员后 60 天内，当事方应指派第三名仲裁员。第三名仲裁员不应是任何当事方的国民，也不应与前两名仲裁员的任何一位同国籍。仲裁法庭将由第三名仲裁员主持。

（二）如果未能在上述规定的时间内指派第二名仲裁员，或者当事方未能在规定的时间内就第三名仲裁员的指派达成协议，该仲裁员可以应任何一方的要求，由常设仲裁法庭秘书长从不具有公约缔约国国籍的、具有国际名望的人员中选派。

二、仲裁法庭应决定其所在地，并通过其议事规则。

三、仲裁法庭裁决由其成员多数作出，其成员不得投弃权票。

四、经仲裁法庭同意，非争端当事方的任何缔约方都可以参与仲裁程序。

五、仲裁法庭的裁决为终审裁决，对争端各当事方和参与诉讼的任何缔约方都具有约束力，应予遵守，不得延误。如果争端当事方或参与诉讼的任何缔约方提出要求，仲裁法庭应对裁决作出解释。

六、除非仲裁法庭因案情特殊另有决定，仲裁的一切费用、包括仲裁员的报酬，应由争端当事方均摊。

附录三　《关于环境保护的南极条约议定书》

序言

本南极条约议定书各缔约国，以下简称各缔约国；

深信有必要加强对南极环境及依附于它的和与其相关保护；

确信有必要加强南极条约体系以确保南极应继续并永远专为和平目的而使用，不应成为国际纷争的场所或对象；

牢记南极特殊的法律地位与政治地位以及各南极条约协商国保证使在南极的一切活动符合南极条约的宗旨与原则的特殊责任；

忆及为了保护南极环境及依附于它和与其相关的生态系统，将南极确定为特别保护区以及根据南极条约体系所采取的其他措施；

进一步确认南极给科学监测与研究具有全球重要性与区域重要性的演变进程所提供的独特机会；

重申南极海洋生物资源保护公约的保护原则；

深信制定一个保护南极环境及依附于它的和与其相关的生态系统的综合制度是符合全人类利益的；

希望为此目的补充南极条约；

兹协议如下：

第一条　定义

为本议定书的目的：

（a）"南极条约"系指 1959 年 12 月 1 日订于华盛顿的南极条约；

（b）"南极条约地区"系指根据《南极条约》第六条《南极条约》各项规定所适用的地区；

（c）"南极条约协商会议"系指《南极条约》第九条所指的会议；

（d）"南极条约协商国"系指有权委派代表参加《南极条约》第九条所指的会议的缔约国；

（e）"南极条约体系"系指《南极条约》、根据《南极条约》实施的措施和与条约相关的单独有效的国际文书和根据此类文书实施的措施；

(f)"仲裁法庭"系指根据作为本议定书组成部分的议定书附件而设立的仲裁法庭；

(g)"委员会"系指根据第十一条设立的环境保护委员会。

第二条 目标与指定

各缔约国承诺全面保护南极环境及依附于它的和与其相关的生态系统，特兹将南极指定为自然保护区，仅用于和平与科学。

第三条 环境原则

1. 对南极环境及依附于它的和与其相关的生态系统的保护以及南极的内在价值，包括其荒野形态的价值、美学价值和南极作为从事科学研究，特别是从事认识全球环境所必需的研究的一个地区的价值应成为规划和从事南极条约区一切活动时基本的考虑因素。

2. 为此目的：

(a)规划和从事在南极条约地区的活动应旨在限制对南极环境及依附于它的和与其相关的生态系统的不利影响；

(b)规划和从事在南极条约地区的活动应避免：

(Ⅰ)对气候或天气类型的不利影响；

(Ⅱ)对空气质地或水质的重大不良影响；

(Ⅲ)对大气环境、陆地环境(包括水中环境)、冰环境或海洋环境的重大改变；

(Ⅳ)对动植物物种或种群的分布、丰度或繁殖的有害改变；

(Ⅴ)对濒危或受到威胁的动植物种或其种群的进一步危害；或

(Ⅵ)使具有生物、科学、历史、美学或荒野意义的区域减损价值或面临重大的危险；

(c)在南极条约地区的活动应根据充分信息来规划和进行，其充分程度应足以就该活动对南极环境及依附于它的和与其相关的生态系统以及对南极用来从事科学研究的价值可能产生的影响作出预先评价和有根据的判定。此种判定应充分考虑：

(Ⅰ)该活动的范围，包括活动的地区、期限和强度；

(Ⅱ)该活动本身的累积影响和与在南极条约地区的其他活动

一起产生的累积影响；

（Ⅲ）该活动是否会对在南极条约地区的其他活动产生不利影响；

（Ⅳ）是否具备在环境方面安全作业的技术和程序；

（Ⅴ）是否具备监测关键环境参数和生态系统各组成部分的能力，以确定该活动的任何不良影响并就此提出早期预报，并且根据监测结果或对南极环境或依附于它的和与其相关的生态系统的进一步了解对作业程序进行必要的改进；并

（Ⅵ）是否具备对事故特别是对具有潜在环境影响的事故作出迅速有效反应的能力；

（d）应进行定期有效的监测，以便对正在从事的活动的影响，包括对预计产生的影响进行的核查作出评价；

（e）应进行定期有效的监测，以便有利于早期检测出在南极条约地区内外从事的活动对南极环境及依附于它的和与其相关的生态系统所可能产生的无法预见的影响。

3. 在南极条约地区规划和从事活动时，应优先考虑科学研究并且维护南极作为从事此类研究包括认识全球环境所必需的研究的一个地区的价值。

4. 根据科学研究计划在南极条约地区从事的活动、在南极条约地区的旅游及一切其他政府性和非政府性活动，根据《南极条约》第七条第 5 款均须事先通知；上述一切活动包括相关的后勤支援：

（a）均应遵守本条的各项原则；并且

（b）如果违背上述各项原则，对南极环境或依附于它或与其相关的生态系统产生或者可能产生影响，均应予以修改、中止或取消。

第四条　与南极条约体系其他组成部分的关系

1. 本议定书是对《南极条约》的补充，既不是对《南极条约》的修改也不是对该条约的修正。

2. 本议定书任何条款都不应损害本议定书各缔约国根据南极条约体系内其他有效的国际文书所承担的权利和义务。

第五条 与南极条约体系其他组成部分的一致性

各缔约国应与南极条约体系内其他有效的国际文书的各缔约国及各相应的机构协商并合作以保证本议定书各项目标和原则的实现，避免对实现这些国际文书各项目标与原则的任何干扰或者执行这些国际文书与执行本议定书之间的不一致性。

第六条 合作

1. 各缔约国在规划和从事南极条约地区活动时应进行合作。为此目的，各缔约国应努力：

（a）促进具有科学、技术和教育价值的关于保护南极环境及依附于它的和与其相关的生态系统的合作性项目；

（b）在其他缔约国准备环境影响评价时向其提供适当的协助；

（c）根据请求向其他缔约国提供有关潜在环境危险的信息并提供协助，以最大限度地减少可能破坏南极环境或依附于它的和与其相关的生态系统的事故的影响；

（d）与其他缔约国就未来的南极站或其他设施的选址进行协商，以避免因过于集中在一个地方而造成累积性影响；

（e）在适当的时候共同进行考察，共同使用南极站和其他设施；并且

（f）执行南极条约协商会议一致同意的其他此类步骤。

2. 各缔约国保证尽最大可能共同享有可能有助于其他缔约国在南极条约地区规划和从事活动的信息以便保护南极环境及依附于它的和与其相关的生态系统。

3. 各缔约国应与可在南极条约地区的毗连区域行使管辖权的缔约国进行合作，以保证在南极的活动不会对那些地区产生不良的环境影响。

第七条 禁止矿产资源活动

任何有关矿产资源的活动都应予以禁止，但与科学研究有关的活动不在此限。

第八条 环境影响评价

1. 下列第 2 款所涉及的拟议中的活动应在依照附件一所确定的就该活动对南极环境或依附于它的或与其相关的生态系统的影响

进行预先评价的程序并根据此类活动是否确定为具有下列几种影响来进行：

（a）小于轻微或短暂的影响；或

（b）轻微或短暂的影响；或

（c）大于轻微或短暂的影响。

2. 各缔约国应保证在规划阶段实行附件一所确定的评价程序，以便根据《南极条约》第七条第 5 款需事先通知的并且就依据科学研究计划在南极条约地区所从事的任何活动：在南极条约地区的旅游及一切其他政府性和非政府性活动，包括与此相关的后勤支援活动作出决定。

3. 附件一确定的评价程序应适用于一项活动的任何变化而不论该变化是起因于现有活动强度的增加或减少还是起因于活动的增加，设施的拆除或者其他方面的原因。

4. 凡活动是由一个以上缔约国共同规划的，有关缔约国应提名其中一国来协调执行附件一确定的环境影响评价程序。

第九条　附件

1. 本议定书各附件均应构成本议定书的组成部分。

2. 除附件一至附件四之外，各项附件得根据《南极条约》第九条的规定予以通过和生效。

3. 各附件的修正和修改可根据《南极条约》第九条予以通过和生效，但是以任何附件本身可对修正和修改的便捷生效作出规定为限。

4. 除非附件本身对其任何修正和修改的生效另有规定，各附件及其根据上述第 2 款和第 3 款已经生效的任何修正和修改应自保存国收到非南极条约协商国的南极条约缔约国或在附件及其修正和修改通过之时尚未成为南极条约协商国的南极条约缔约国的核准书之时起对该缔约国生效。

5. 除非附件另有规定，各附件应遵循第十八条至第二十条所规定的争端解决程序。

第十条　南极条约协商会议

1. 南极条约协商会议，应吸取现有的最佳科学和技术建议：

（a）根据本议定书的规定，确定全面保护南极环境及依附于它的和与其相关的生态系统的总政策；并且

（b）根据《南极条约》第九条制定执行本议定书措施。

2. 南极条约协商会议应审查委员会的工作情况并且在执行上述第 1 款所指的任务时应充分吸取该委员会的意见和建议以及南极研究科学委员会的建议。

第十一条 环境保护委员会

1. 兹设立环境保护委员会。

2. 各缔约国都有权成为委员会成员并任命 1 名代表，该代表可辅以若干专家和顾问。

3. 委员会的观察员地位应对任何不是本议定书缔约国的南极条约缔约国开放。

4. 委员会应邀请南极研究科学委员会主席和保护南极海洋生物资源科学委员会主席作为观察员参加委员会会议。经南极条约协商会议的同意委员会亦可邀请能够对其工作作出贡献的其他有关的科学、环境和技术组织作为观察员与会。

5. 委员会应向南极条约协商会议提交其每次会议的报告。报告应包括会议审议的所有问题并反映所表达的观点。报告应分送与会的各缔约国和观察员并随即公开。

6. 委员会应制定其议事规则。该议事规则应经南极条约协商会议的批准。

第十二条 委员会的职能

1. 委员会的职能应是就本议定书的执行包括议定书附件的实施向各缔约国提供咨询和建议，以供南极条约协商会议审议；并执行南极条约协商会议可能指派的其他职能。委员会应特别就下列事项提供咨询：

（a）依照本议定书采取的措施的有效性；

（b）更新、加强或改进此类措施的必要性；

（c）采取补充措施的必要性，包括于适当时制定补充附件的必要性；

（d）第八条和附件一规定的环境影响评价程序的适用和实施；

(e)减少或减轻在南极条约地区的各类活动造成环境影响的办法;

(f)处理需采取紧急行动的情势的程序,包括在环境紧急事态下采取反应行动的程序;

(g)南极条约保护区制度的运行和进一步说明;

(h)视察程序,包括视察报告的格式和视察的项目清单;

(i)有关环境保护的信息的收集、存档、交换和评价;

(j)南极环境状况;并

(k)开展与实施本议定书有关的科学研究包括环境监测的必要性。

2. 委员会在履行其职能时应于适当时咨询南极研究科学委员会、保护南极海洋生物资源科学委员会和其他有关的科学、环境和技术组织。

第十三条　遵守本议定书

1. 各缔约国应在其权限内采取适当的措施,包括采取法律和法规,采取适当的行政行动和执行措施,以便保证遵守本议定书。

2. 各缔约国应作出符合联合国宪章的适当努力以使任何人不得从事违反本议定书的活动。

3. 各缔约国应将其依据上述第 1 和第 2 款采取的措施通知所有其他缔约国。

4. 各缔约国应就其认为影响本议定书目标与原则实施的任何活动提请所有其他缔约国注意。

5. 南极条约协商会议应提请任何非本议定书缔约国的国家注意该国、其机构、部门、自然人或法人、船只、飞行器或其他运输工具所进行的任何影响本议定书目标与原则的实施的活动。

第十四条　视察

1. 为促进对南极环境和依附于它的及与其相关的生态系统的保护并保证本议定书的遵守,各南极条约协商国应单独或集体安排根据《南极条约》第七条进行的观察员的视察。

2. 观察员系指:

(a)由任何南极条约协商国指派的观察员,他应为该协商国的

国民；和

（b）为进行依照南极条约协商会议确定的程序的视察而在南极条约协商会议上指派的任何观察员。

3. 各缔约国应与进行视察的观察员充分合作，并应保证观察员在视察期间可视察依《南极条约》第七条第 3 款向视察开放的站所、设施、设备、船舶和飞行器的全部以及依据本议定书在这些场所存放的所有记录。

4. 视察报告应送交该报告涉及其站所、设施、设备、船舶或飞行器的各缔约国。在这些缔约国得到机会进行评论后，报告及对报告的任何评论应分送给所有缔约国和委员会，由下届南极条约协商会议予以审议并于其后公开。

第十五条 紧急反应行动

1. 为了对南极条约地区内的环境紧急事态作出反应，各缔约国同意：

（a）对于根据《南极条约》第七条第 5 款的规定需事先通知的在南极条约区所从事的科学研究项目、旅游及一切其他政府性和非政府性活动包括相关的后勤支援活动可能产生的紧急事态采取迅速有效的反应；并

（b）制定对南极环境或依附于它的和与其相关的生态系统有潜在不利影响的事故作出反应的应急计划。

2. 为此目的，各缔约国应：

（a）在制定和实施此类应急计划时进行合作；并

（b）确定对于环境紧急事态进行即时通知和作出共同反应的程序。

3. 各缔约国在实施本条时，应征求有关国际组织的意见。

第十六条 责任

1. 根据本议定书全面保护南极环境及依附于它的和与其相关的生态系统的目标，各缔约国承诺制定关于在南极条约地区进行的并为本议定书所涉及的活动造成损害的责任的详细规则与程序。此类规则与程序应包括在根据第九条第 2 款将要通过的一项或多项附件之中。

第十七条 缔约国的年度报告

1. 第一缔约国每年应就为实施本议定书所采取的步骤提交报告。该报告应包括根据第十三条第 3 款所作的通知、根据第十五条制订的应急计划和本议定书所要求的而又未对其分发和交换另作规定的任何其他通知和信息。

2. 根据上述第 1 款所提交的报告应分送所有缔约国和委员会，由下届南极条约协商会议审议并予以公开。

第十八条 争端解决

如果发生关于本议定书的解释或适用的争端，该争端各方经其中任何一方提出要求，应尽早彼此协商，以便通过谈判、调查、调解、和解、仲裁、司法解决或争端各方同意的其他和平方法解决该争端。

第十九条 争端解决程序的选择

1. 各缔约国可于签署、批准、接受、核准或加入本议定书时，或在其后任何时间，以书面声明的方式选择下列一种或两种方法来解决关于本议定书第七、第八和第十五条及任何议定书的规定(除非该附件另有规定)以及第十三条(如其与上述条款和规定有关)的解释或适用的争端：

(a)国际法院；

(b)仲裁法庭。

2. 依据上述第 1 款作出的声明不得影响第十八条和第二十条第 2 款的实施。

3. 未依据上述第 1 款作出声明或其在这方面的声明已失效的缔约国，应被视为已接受仲裁法庭的管辖权。

4. 如争端各方接受了解决争端的同一方法，除非各方另有协议，该争端仅可提交该程序。

5. 如争端各方未接受解决争端的同一方法，或它们都接受了解决争端的两种方法，则除非各方另有协议，该争端仅可提交仲裁法庭。

6. 依据上述第 1 款作出的声明在按照该声明的规定期满之前或在撤销该声明的书面通知交存于保存国后满 3 个月之前，应一直有效。

7. 新的声明、撤销声明的通知或声明的期满均不得影响国际法院或仲裁法庭中尚未终结的诉讼程序，除非争端各方另有协议。

8. 本条所指的声明和通知应交存保存国，保存国应将其副本分送所有缔约国。

第二十条 争端解决程序

1. 如关于本议定书第七、第八或第十五条或者任何附件的规定(除非该附件另有规定)或第十三条(视其与上述条款和规定的相关程度)的解释或适用的争端各方未能在依照上述第十八条的协商要求提出后 12 个月内就解决争端的方法达成协议，经争端任何一方提出要求，该争端应提交根据第十九条第 4 款和第 5 款的规定的程序加以解决。

2. 仲裁法庭无权裁决或裁定《南极条约》第四条范围内的任何事项。此外，本议定书任何规定不得解释为授予国际法院或其他为解决各缔约国之间争端而设立的任何法庭裁判或以其他方式裁定《南极条约》第四条范围内任何事项的权限或管辖权。

第二十一条 签字

本议定书自 1991 年 10 月 4 日在马德里此后至 1992 年 10 月 3 日在华盛顿向任何为南极条约缔约国的国家开放签字。

第二十二条 批准、接受、核准或加入

1. 本议定书须经签字国批准、接受或核准。

2. 本议定书应于 1992 年 10 月 3 日后开放由任何为南极条约缔约国的国家加入。

3. 批准书、接受书、核准书或加入书应存放于美利坚合众国政府。兹指定该国为保存国。

4. 本议定书生效之日后，南极条约各协商国不得根据关于南极条约缔约国有权依照《南极条约》第九条第 2 款委派代表参加南极条约协商会议的通知采取行动，除非该缔约国已经批准、接受、核准或加入本议定书。

第二十三条 生效

1. 本议定书应于所有在本议定书通过之日为南极条约协商国

的国家交存批准书、接受书、核准书或加入书之日后第 30 天生效。

2. 对于在本议定书生效之日后交存批准书、接受书、核准书或加入书的每一个南极条约缔约国，本议定书应于交存后第 30 天生效。

第二十四条　保留

对本议定书不得作出保留。

第二十五条　修改或修正

1. 在不损害第九条规定的情况下，本议定书可在任何时候根据《南极条约》第十二条第 1 款(甲)项和(乙)项规定的程序予以修改或修正。

2. 如从本议定书生效之日起满 50 年后，任何一个南极条约协商国用书面通知保存国的方式提出请求，则应尽快举行一次会议，以便审查本议定书的实施情况。

3. 在依据上述第 2 款召开的任何审查会议上提出的修改或修正应由缔约国多数通过，其中包括在本议定书通过之时为南极条约协商国的 3/4 国家的通过。

4. 依据上述第 3 款通过的修改或修正应经 3/4 的南极条约协商国的批准、接受、核准或加入其中包括在本议定书通过之时为南极条约协商国的所有国家的批准、接受、核准或加入而生效。

5. (a)关于第七条，除非存在一项有效的并有法律拘束力的关于南极矿产资源活动的制度，且该制度包括一项议定办法，用以判定任何此种活动可否接受；如果可以，则在何种条件下可予接受，否则该条规定的关于南极矿产资源活动的禁止应当继续有效。这一制度应充分保证《南极条约》第四条所指的所有国家的利益并实施第四条中的各项原则。因此，如果在上述第 2 款所指的审查会议上提出对第七条修改或修正，该修改或修正应包括该项有法律拘束力的制度。

(b)如果任何此类修改或修正在其通过之日后 3 年内尚未生效，任何缔约国在此之后可随时通知保存国退出本议定书，此种退出应在保存国收到该通知书两年之后生效。

第二十六条　保存国的通知

保存国应将下列事项通知所有南极条约缔约国：

（a）本议定书的签署及批准书、接受书、核准书或加入书的交存；

（b）本议定书及其任何附件的生效日期；

（c）本议定书任何修改或修正的生效日期；

（d）依照本议定书第十九条的声明和通知的交存，并

（e）依据第二十五条第 5 款（b）项所收到任何通知。

第二十七条 作准文本及向联合国登记

1. 本议定书用英文、法文、俄文和西班牙文写成，每种文本具有同等效力。本议定书应交存于美利坚合众国政府的档案库中。该政府应将正式核证无误的副本分送所有南极条约缔约国。

2. 保存国根据联合国宪章第一百零二条进行登记。

议定书附则

仲裁

第一条

1. 仲裁法庭应依照本议定书、包括本附则组成并工作。

2. 本附则中的秘书是指常设仲裁法庭的秘书长。

第二条

1. 每一缔约国应有权指定至多 3 名仲裁员，其中至少 1 名应在本议定书对该缔约国生效后 3 个月内指定。每 1 名仲裁员均应对南极事务富有经验，精通国际法并在公正、能力和品德方面享有最高声誉。仲裁员名单应由这样的提名构成。每一缔约国应在任何时候在该名单中保持至少一名仲裁员的姓名。

2. 除下述第 3 款另有规定，由缔约国指定的仲裁员应在名单中保留 5 年，并可由该缔约国重新指定，每次任期 5 年。

3. 已指定仲裁员的缔约国可从名单中撤销该仲裁员的姓名。如仲裁员死亡或缔约国由于任何原因从名单中撤销其已指定的仲裁员的姓名，指定该仲裁员的缔约国应立即通知秘书长。其姓名已从名单中撤销的仲裁员，应继续在其已被委派的任何仲裁法庭中工作，直至该法庭的仲裁程序终结。

4. 秘书长应保证保持一份最新的依本条指定的仲裁员名单。

第三条

1. 仲裁法庭应由按下列方式委派的 3 名仲裁员组成：

（a）提起仲裁程序的争端一方应从第二条所指的名单中委派 1 名仲裁员，该仲裁员可以是其国民。这一委派应在第四条所指的通知中述明。

（b）争端另一方应在收到通知后 40 天内，从第二条所指的名单中委派第 2 名仲裁员，该仲裁员可以是其国民。

（c）争端各方应在第 2 名仲裁员委派后 60 天内以协议从第二条所指的名单中委派第 3 名仲裁员。第 3 名仲裁员不应是争端任何一方的国民或为构成第二条所指的名单而指定的人员，也不应与前两名仲裁员中的任何 1 名国籍相同。第 3 名仲裁员应为仲裁法庭庭长。

（d）如第 2 名仲裁员在规定时间内未予委派，或争端各方未在规定的时间内就第 3 名仲裁员的委派达成协议，经争端任何一方请求，该仲裁员应由国际法院院长在收到该请求后 30 天内，从第二条所指的名单中委派，并应受上述（b）和（c）项规定条件的限制。法院院长在执行本项赋予的职能时，应同争端各方协商。

（e）如国际法院院长不能执行上述（d）项赋予的职能，或是争端一方的国民，该职能应由法院副院长执行。但如法院副院长不能执行该项赋予的职能或是争端一方的国民，该职能应由可以担任此项工作并且不是争端一方国民的法院年资次深法官执行。

2. 任何空缺应按最初委派时规定的方式填补。

3. 在涉及两个以上当事方的争端中，利害关系相同的争端各方应在上述第 1 款（b）项规定的期间内以协议委派一名仲裁员。

第四条

提起仲裁程序的争端一方应就此书面通知争端的另一或若干当事方和秘书长。此类通知应就请求及其依据的理由作出说明。通知应由秘书长转送所有缔约国。

第五条

1. 除非争端各方另有协议，仲裁应在海牙进行，仲裁法庭的记录应保存在海牙。仲裁法庭应制定自己的仲裁程序规则。此类规则应保证每一争端当事方有出庭陈述其意见和主张的充分机会，还应保证仲裁程序得以迅速进行。

2. 仲裁法庭可就争端引起的反诉进行仲裁并作出裁决。

第六条

1. 如仲裁法庭初步认定法庭依据本议定书具有管辖权，它可：

（a）经争端任何一方请求，指定其认为必要的临时措施，以保护争端各方各自的权利。

（b）规定任何其认为在当时情况下适当的临时措施，以防止对南极环境或依附于它的或与其相关的生态系统的严重危害。

2. 在依据本附则第十条作出裁决之前，争端各方应立即遵守依上述第 1 款（b）项规定的任何临时措施。

3. 尽管有本议定书第二十条关于期限的规定，争端一方，可于任何时候，按照第四条通知争端另一或若干当事方及秘书长，请求作为特别紧急事项组成仲裁法庭，以按照本条指定或规定紧急临时措施。在此种情况下，仲裁法庭应按第三条尽快组成，除非第三条第 1 款（b）、（c）和（d）项规定的期限在每一种情况下均减至 14 天。仲裁法庭应在庭长委派后两个月内就指定和规定紧急临时措施的请求作出裁决。

4. 在仲裁法庭按照上述第 3 款就指定或规定紧急临时措施的请求作出裁决后，争端解决程序应按议定书第十八、十九条和二十条的规定进行。

第七条

任何缔约国如认为其有自身的法律利益，不论其为一般的或个别的，可能在实质上受到仲裁法庭裁决的影响，可以参与仲裁程序，除非仲裁法庭另有裁定。

第八条

争端各方应便利仲裁法庭的工作，尤应按照其法律并运用其拥有的一切手段为法庭提供有关文件和信息，并使之能够在必要时通知证人或专家出庭并获取其证据。

第九条

如争端一方未出席或未能进行答辩，任何其他争端方可请求仲裁法庭继续该仲裁程序并作出裁决。

第十条

1. 仲裁法庭应依本议定书的规定和其他可适用的不与本议定书的规定相抵触的规则和国际法原则为依据，对提交给它的争端进行裁决。

2. 如争端各方同意，仲裁法庭可依据公允及善良原则对提交给它的争端进行裁决。

第十一条

1. 在作出裁决前，仲裁法庭应证明不但法庭对争端有管辖权，且请求或反诉有充分的事实根据和法律根据。

2. 裁决应述明裁决理由并应通知秘书长，秘书长应将裁决转送所有缔约国。

3. 裁决系属终局，对争端所有各方及参与仲裁程序的任何当事方具有拘束力，并应予以立即执行。经争端一方或任何仲裁参与方要求，仲裁法庭应就裁决作出解释。

4. 裁决除对本案外，应无拘束力。

5. 除仲裁法庭另有裁定外，仲裁法庭的费用，包括仲裁员的报酬，应由争端各方平等分摊。

第十二条

所有仲裁法庭的裁决，包括第五、第六和第十一条所指的裁决，应由仲裁员多数作出。仲裁员在表决时不得弃权。

第十三条

1. 本附则可依符合《南极条约》第九条 1 款规定的措施予以修正或修改。除非该措施另有规定，修正或修改应视为已获通过，并应在通过修正或修改的南极条约协商会议结束 1 年以后生效，除非一个或一个以上南极条约协商国在此期限内，通知保存国，希望延长该期限或不能同意该措施。

2. 符合本条 1 款规定生效的本附则的任何修正或修改，应自保存国收到任何其他缔约国的核准通知书时起对其生效。

附件一

环境影响评价

第一条 初始阶段

1. 本议定书第八条所提及的拟议中的活动对环境的影响应在活动开始之前按照有关的国内程序加以考虑。

2. 如果一项活动被确定具有小于轻微或短暂的影响；活动可立即进行。

第二条 初步环境评价

1. 除非业已确定一项活动将具有小于轻微或短暂的影响，或除非按照第三条正在准备全面环境评价，应准备初步环境评价。该评价应包括充分的详细情况以便评估一项拟议中的活动是否或可能具有大于轻微或短暂的影响，并还应包括：

（a）对拟议中的活动的说明，包括对活动的目的、地点、期限和强度的说明；并

（b）对拟议活动替代方法的考虑和该项活动可能具有的任何影响的考虑，包括根据现有的和已知的规划活动对累积性影响的考虑。

2. 如果初步环境评价报告表明一项拟议中的活动可能只有小于轻微或短暂影响，并且制定了可能包括监测在内在有关程序以评估与核查这项活动的影响，则该活动可以进行。

第三条 全面环境评价

1. 如果初步环境评价表明或如果确定一项拟议中的活动行为很可能具有大于轻微或短暂的影响，则应准备全面环境评价。

2. 全面环境评价应包括：

（a）对拟议中的活动的说明，包括活动的目的、地点期限和强度以及该活动的可能替代方法，包括不开展该活动的替代方法与这些替代方法的后果。

（b）对用于同预测变化相比较的初步环境参考状态的说明以及对在没有开展拟议活动的情况下未来环境参考状态的预测。

（c）对用来预测拟议中的活动的影响的方法和资料的说明；

（d）对拟议中的活动可能产生的直接影响的性质、程度、期限及强度的估计；

（e）对拟议中的活动可能产生的间接或第二层次的影响的

考虑；

（f）按照现有的活动和其他已知的规划活动，对拟议中的活动累积影响的考虑；

（g）对能够最大限度地减少或减轻拟议中的活动的影响并监测未能预见的影响的措施的鉴定和对能就该活动的任何不利影响作出早期预报以及迅速有效地处理事故的措施，包括监测项目的鉴定；

（h）对拟议中的活动不可避免的影响的鉴定；

（i）对拟议中的活动对从事科学研究及其他现有用途和价值的影响的考虑；

（j）对在认识方面和在按本款所要求的汇编信息时所出现的不确定性方面的缺陷的确定；

（k）对本款所规定的情报的非技术性概括；

（l）准备综合环境评价报告的人或组织的姓名和地址以及对报告的评论应送往的地址。

3. 全面环境评价草案应予以公开并分送各缔约国，各缔约国应亦应公开该草案以供评论。收到评论的期限应为 90 天。

4. 全面环境评价草案应在分送给各缔约国的同时，并于适当时，在下一届南极条约协商会议之前 120 天递交给委员会供其审议。

5. 除非南极条约协商会议按照委员会的建议有机会审议全面环境评价草案，不得作出在南极条约地区进行拟议中的活动的决定，但进行拟议中的活动的决定，不得因本款的实施自全面环境评价草案分发之日起被推迟 15 个月以上为限。

6. 最后全面环境评价应提及并包括或总结所收到的关于全面环境评价草案的评论。最后全面环境评价、有关评价决定的通知以及对有关拟议中的活动的益处的预测影响的任何评价应分送给各缔约国；各缔约国也应在开始南极条约地区从事拟议中的活动至少60 天之前将其予以公开。

第四条　基于全面环境评价的决定

任何有关适用第三条的拟议中的活动是否应进行，如果应进行是按照原来的还是经修改的方式进行的决定，应基于全面环境评价及其他有关的考虑作出。

第五条 监测

1. 应建立包括监测关键环境参数的程序，以评估和核实按照全面环境影响评价完成之后所进行的任何活动的影响。

2. 上述第 1 款和第二条第 2 款所提及的程序应旨在对该活动产生的影响提供定期的和可核实的记录，即是：

(a)能够评价此类影响达到与本议定书相符合的程度；并且

(b)提供益于减少或减轻影响的信息，在适当的情况下，提供需要中止、取消或更改该活动的信息。

第六条 信息与传播

1. 下列信息应分送给各缔约国，递交委员会并予以公开；

(a)第一条提及的程序的说明；

(b)按照第二条准备的初步环境评价的年度表和由此而作出的任何决定；

(c)根据第二条第 2 款和第五条所制定的程序而获得的重要情报和由此而采取的任何行动；

(d)第三条第 6 款所涉及的信息；

2. 按照第二条准备的任何初步环境评价须应要求予以提供。

第七条 紧急情况

1. 本附件不应适用于有关人身或船舶、飞行器或具有较高价值的设施和设备的安全，或环境保护的紧急情况，这些情况无需完成本附件规定的程序即可进行活动。

2. 在紧急情况下进行活动(该活动在正常情况下本应需要准备全面环境评价报告)的通知，应立即分送给各缔约国和委员会，并且在开展该活动的 90 天之内提供 1 份关于开展该活动的详细说明。

第八条 修正或修改

1. 本附件可按照《南极条约》第九条第 1 款采取的措施予以修正或修改。除非该措施另有规定，修正或修改应视为已获通过，并将在通过修正或修改的南极条约协商会议结束 1 年之后生效，除非一个或一个以上南极条约协商国在此期限内通知保存国希望延长这一期限或不能同意该措施。

2. 按照上述第 1 款生效的本附件的任何修正或修改应在保存国收到任何其他缔约国的核准通知书时对其生效。

附件二

保护动植物

第一条　定义

为本附件目的:

(a)"本地哺乳动物"系指属于南极条约地区当地的或因自然移栖而季节性存在那里的哺乳纲动物种类的任何成员。

(b)"本地鸟类"系指在南极条约地区当地的或因自然移栖而季节性存在那里的处于其生命周期(包括蛋卵阶段)任何阶段的鸟纲中任何种类的成员。

(c)"本地植物"系指在南极条约地区当地的处于其生命周期任何阶段(包括种子和其他繁殖体)的陆上的或淡水中的任何植物,包括苔藓、地衣、真菌和藻类。

(d)"本地无脊椎动物"系指在南极条约地区当地的处于其生命周期任何阶段的陆上的或淡水中的任何无脊椎动物。

(e)"主管当局"系指由缔约国授权的根据本附件规定发放许可证的任何人或机构;

(f)"许可证"系指由主管当局发放的正式的书面许可。

(g)"获取"系指杀害、伤害、捕捉、处置或骚扰当地哺乳动物或鸟类,或者指迁移或大量损害本地植物致使其分布或丰度受到重大影响;

(h)"有害的干扰"指:

(1)直升机或其他航空器的飞行或者降落干扰了鸟类或海豹的聚集地;

(2)车辆或船舶,包括气垫船和小船的使用干扰鸟类及海豹的聚集地;

(3)炸药或火器干扰了鸟类和海豹的聚集地;

(4)行人故意干扰正在孵化或换羽的鸟或鸟类和海豹的聚集地;

(5)航空器降落、车辆驾驶或在本地陆地上行走或以其他方式

对本地陆地植物造成重大损害；并

（6）任何会使本地任何种类或种群的哺乳动物、鸟类、植物或无脊椎动物的栖息地受到重大不利改变的活动。

（i）"国际捕鲸公约"系指 1946 年 12 月 2 日在华盛顿签署的公约。

第二条 紧急情况

1. 本附件不应适用于有关人身安全或者船舶、航空器或具有较高价值的设施和设备的安全或者环境保护的紧急情况。

2. 在紧急情况下采取活动的通知应立即分送给所有缔约国和委员会。

第三条 保护本地动植物

1. 除非依照许可证的规定，应禁止获取或有害的干扰。

2. 此类许可证应指明已获准的活动，包括何时、何地、何人从事该活动，并且只有在下列条件下才应予以发放：

（a）为科学研究或科学信息提供标本；

（b）为博物馆、植物标本室、动物图、植物园或其他教育或文化的机构或用途提供标本；并

（c）为非依照上述（a）或（b）项没有获准的科学活动或建造和使用科学支援设施而产生的不可避免的后果作准备。

3. 应限制发放此类许可证以保证：

（a）不得捕猎哺乳动物、鸟类或采摘植物，除非急需要达到以上第二条规定的目的。

（b）只能少量捕杀本地哺乳动物或鸟类并且在任何情况下捕杀的本地哺乳动物或鸟类的数量不得超过它们在下一个季节靠自然繁殖通常所能弥补的数量与其他允许捕猎的数量之和；并

（c）在南极条约地区现存的物种的多样性及其生存所必需的栖息地的多样化和生态系统的平衡得到维护。

4. 本附件附录 A 列举的本地哺乳动物、鸟类和植物的任何种类应被定为"特别保护物种"，并应得到缔约国特殊保护。

5. 不应对获取特别保护物种发放许可证，除非该种获得：

（a）是为了紧急的科学目的；

（b）不会危害物种或本地种群的生存或恢复；并

（c）适当时使用非致死性技术。

6. 对本地哺乳动物和鸟类的一切获取应最大程度减少其痛苦程度。

第四条　非本地物种、寄生虫和病害的引进

1. 除非符合许可证的规定，不得把不属于南极条约地区本地种类的动物或植物引进到南极条约地区的陆地或冰架或水域。

2. 不得将狗带入陆地或冰架，目前在这些区域内的狗应于1994 年 4 月 1 日前予以移出。

3. 发放以上第 1 款规定的许可证只允许引进本附件附录 B 所列举的动物和植物并应规定种类、数目，适当时，还应规定年龄、性别和为防止逃跑或接触本地动植物所采取的预防措施。

4. 按照以上第 1 款和第 3 款发放的许可证而引进的动植物应在许可证期满之前移出南极条约地区，或焚化处理，或以能消除对本地动植物危害的同样有效的方式进行处理。许可证上应规定这一义务。任何引进到南极条约地区且不属于本地的其他植物或动物，包括其后代，应予以移出，或以焚化，或以同样有效的方式进行处理使其不再繁殖，除非确定它们不会对本地的动植物造成任何危害。

5. 本条的任何规定不适用于运进南极条约地区的食品，但不得为此目的引进活的动物，而且所有的植物和动物及其产品都要置于谨慎控制的条件下，并按照议定书附件三和本附件附录 C 的规定加以处理。

6. 每一缔约国应要求采取预防措施，包括本附件附录 C 列举的措施，以防止引进不存在于本地动植物上的微生物（病毒、细菌、寄生虫、酵母菌、真菌）。

第五条　信息

各缔约国应准备并向正在或打算进入南极条约地区的所有人员提供特别是说明被禁止的活动和特别保护种类与有关保护地区的名单的信息，以确保他们了解和遵守本附件的规定。

第六条　信息的交流

1. 缔约国应为下列事宜作出安排：

（a）搜集并交换各种记录（包括许可证的记录）和有关每年在南极条约地区捕猎的各种本地哺乳动物、鸟类或植物的数目或数量的统计资料；

（b）获得和交换有关南极条约地区本地哺乳动物、鸟类、植物和无脊椎动物状况，以及任何种类或种群在多大程度上需要保护的信息；

（c）确立缔约国能按照以下第 2 款的规定提交这种信息的共同方式。

2. 各缔约国应于每年 11 月底之前通知其他缔约国和委员会其按照以上第 1 款所采取的任何步骤以及在上年 7 月 1 日至本年 6 月 30 日的前一时期内按照本附件发放的许可证的数目和性质。

第七条　与南极条约体系外的其他协定的关系

本附件的任何规定不得损害缔约国根据"国际捕鲸公约"承担的权利和义务。

第八条　审查

缔约国应考虑委员会提出的任何建议不断审查保护南极动植物措施。

第九条　修正或修改

1. 本附件可由按照《南极条约》第九条第 1 款采取的措施予以修正或修改。除非该措施另有规定，修正或修改应视为已获通过，并将在通过修正或修改的南极条约协商会议结束 1 年之后生效，除非一个或一个以上南极条约协商国在此期限内通知保存国希望延长这一期限或不能同意该措施。

2. 按照上述第 1 款生效的本附件的任何修正或修改应在保存国收到任何其他缔约国的核准书时对其生效。

附录 A

特殊保护种类

海狗和罗斯海豹的全部种类。

附录 B

动植物的引进

下列动植物可按照依本附件第四条所发放的许可证引进南极条约地区：

(a)本国植物；并

(b)实验室动植物，包括病毒、细菌、酵母菌和真菌。

附录 C

防止引进微生物的预防措施

1. 家禽。不得把任何活家禽或其他活鸟带入南极条约地区。在煺光的家禽包装运往南极条约地区之前，应检查其是否有疾病的迹象，例如鸡瘟、肺结核和酵母菌感染。尚未用完的任何家禽或其部分应移出南极条约地区或以焚化，或能够消除对本地植物危害的相同方法进行处理。

2. 应尽最大实际可能避免引进带菌土壤。

附件三

废物处理及废物管理

第一条　一般义务

1. 本附件应适用于根据科学研究计划在南极条约地区从事的活动、在南极条约地区的旅游及一切其他政府性和非政府性活动。上述一切活动包括相关的后勤支援活动，根据《南极条约》第七条第 5 款均需事先通知。

2. 应尽可能减少在南极条约地区产生或处理废物的总量以便最大限度地减少对南极环境的影响和对南极自然价值、科学研究以及与南极条约相符合的南极其他用途的干扰。

3. 废物的贮存、处理和从南极条约地区的移出及其回收与资源的减少应成为规划和从事南极条约地区活动时的必要考虑因素。

4. 从南极条约地区移出的废物应尽实际可能最大限度地运回为组织活动而产生该废物的国家或运到按照有关的国际协定对该废物的处理已作好安排的任何国家。

5. 过去和现存的陆上废物处理点和废弃的南极活动的工作点应由该废物的产生者和该地点的使用者清理。该义务不应解释为必须：

(a)迁移任何被指定为历史遗址或纪念物的建筑物；或

(b)迁移任何建筑或废物材料,如果以任何实际可行的方式进行此迁移比将该建筑或废物材料保留在原地会导致更大的不利环境影响。

第二条 以移出南极条约地区的方式处理废物

1. 下列废物若是在本附件生效之后产生的,应由该废物的产生者将其移出南极条约地区:

(a)放射性物质;

(b)电池;

(c)液体和固体燃料;

(d)含有有害重金属或者剧毒或有害持久性化合物的废物;

(e)聚氯乙烯、聚氨酯泡沫体、泡沫聚苯乙烯、橡胶油与润滑油、经加工的木料以及其他含有如焚化可能产生有害排放物的添加剂的产品;

(f)除低密度聚乙烯包装袋(例如废物贮存袋)之外的所有其他塑料废物,但以此类包装袋应按照第三条第1款进行焚化处理为限。

(g)燃料桶;并

(h)其他固体非易燃性废物;

如果以任何实际可行的方式移出燃料桶和固体非易燃性废物比将其保留在原地会导致更大的不利环境影响,则上述第6项和第7项所规定的移出此类废物的义务不应予以适用。

2. 上述第1款没有涉及的液体废物、污水和室内液体废物应尽实际可能最大限度地由该废物的产生者移出南极条约地区。

3. 除非予以焚化、高压消毒或以其他使其无害的方法进行处理,下列废物应由产生者移出南极条约地区。

(a)引进的动物尸体的残骸;

(b)实验室培养的微生物及植物病原体;并

(c)引进的鸟类产品。

第三条 废物的焚化处理

1. 按照下列第2款的规定,除了第二条第1款所提及的废物外,没有从南极条约地区移出的易燃废物,应在最大程度减少有害物排放的焚化炉中焚化，应对由委员会和南极研究科学委员会建议的排放标准和设备指标加以考虑。应将焚化遗留的固体残余物移出南极条约地区。

2. 应尽早逐步停止所有露天焚化废物的方法，但最迟也不应晚于1998/1999季节。在完全停止该焚化方法之前，如果必须以露天焚化的方法处理废物，应考虑风向、风速和焚化废物的种类，以限制微粒的沉积并且在有特殊生物、科学、历史、美学或荒野意义的区域，特别是根据《南极条约》给予保护的地区避免此类沉积。

第四条　陆上其他废物的处理方法

1. 按照第二条和第三条没有移出或处理的废物不得在非冰冻区域上或进入淡水系内处理。

2. 按照第二条不能从南极条约地区移出的污水、室内液体废物和其他液体废物应尽实际可能最大限度地不在海冰、冰架或陆地冰盖上处理，但如果此类废物是由设在内陆冰架上或陆地冰盖上的站所产生的，则可在深冰壕里处理，当这种处理是唯一可行的选择。该冰壕不应坐落在界定非冰区或高融化区域的已知浮冰线上。

3. 在野外营地产生的废物应尽实际可能最大限度地由废物产生者按照本附件的规定移至支援站或支援船舶进行处理。

第五条　海上处理废物

1. 污水和室内液体废物可直接排放到海洋中，但应考虑到接纳废物的海洋环境的吸收能力和符合下列条件：

(a)此种排放应在实际可行的并具有初步稀释和迅速消散的地点进行；

(b)大量的此类废物(产生于夏季平均每周大约有30人或更多的人居住的站所)应至少作浸软处理。

2. 通过转动生物接触程序或类似程序所作的污水处理的副产品可在海洋中处理，但以此种处理不会对当地环境产生不利影响，并且任何此种海上处理应遵循议定书附件四为限。

第六条　废物的存放

所有将从南极条约地区移出的或以其他方式处理的废物的存放应防止其扩散到环境中。

第七条 禁止的产品

不得将多氯联苯、带菌土壤或类似方式的包装或杀虫剂(为科学、医疗或卫生目的所需要的除外)带入南极条约地区的陆地、冰架或水域。

第八条 废物管理计划

1. 在南极条约地区进行活动的各缔约国应就这些活动建立一套废物处理分类系统作为基础以便记录废物与便利旨在评价科学活动及相关的后勤支援的环境影响为目标的研究。为此目的,产生的废物应分为:

(a)污水和室内液体废物(第一类);

(b)其他的液体废物和化学品,包括燃料和润滑油(第二类);

(c)易燃固体(第三类);并

(d)其他固体废物(第四类);和

(e)放射性材料(第五类)。

2. 为了进一步减少废物对南极环境的影响,每一缔约国应准备废物管理计划,每年审查并更新该计划(包括废物的减少、贮存和处置),并就每个定点、一般营地和每艘船舶(属于定点或船舶活动一部分的小船除外并考虑现有的船舶管理计划)作出详细的说明:

(a)清理现存废物处理点和遗弃工作点的方案;

(b)现行的和已规划的废物管理安排,包括最后处理的安排;

(c)为分析废物和废物管理产生环境影响所作的现行的和计划的安排;并

(d)为最大限度地减少废物和废物管理的任何环境影响所作的其他努力。

3. 上述每一缔约国还应尽实际可能在有关信息失去之前准备1份过去活动(如横穿南极、燃料库、野外基地、飞机坠毁)地点的清单,以便规划未来科学计划(雪化学、地衣污染物或冰核钻探)时能对此类地点加以考虑。

第九条 废物管理计划的分发和审查

1. 按照第八条准备的废物管理计划及其执行的报告和第八条

第 3 款指的清单，应按照《南极条约》第三条和第七条以及根据《南极条约》第九条提出的有关的建议包括在年度信息交换中。

2. 每一缔约国应将其废物管理计划的副本及其执行和审查的报告送交委员会。

3. 委员会可审查废物管理计划及其报告并可作出评论，包括最大限度地减少影响、修改及改进计划的建议，以供缔约国考虑。

4. 各缔约国可特别就现有的低废物技术、现存设施的转换、流出物的特别要求、合适的处理及排放方法交换信息并提出建议。

第十条　管理实践

每一缔约国应：

(a) 指定一位废物管理官员以制定和监测废物管理计划；在实地，该责任应由每个点的合适人员承担；

(b) 保证其考察队的成员接受旨在限制其行动对南极环境影响的训练并告知他们本附件的要求；并

(c) 劝阻使用聚氯乙烯 (PVC) 产品并保证通知其赴南极条约地区的考察队任何他们可带入该地区的聚氯乙烯产品以便可根据本附件移出此类产品。

第十一条　审查

本附件应定期进行审查以便保证其得到更新，反映废物处理技术和程序的改进并进而确保最大限度地保护南极环境。

第十二条　紧急情况

1. 本附件不应适用于有关人身安全或者船舶、飞行器或具有较高价值的设施和设备的安全或者或环境保护的紧急情况。

2. 在紧急情况下采取活动的通知应立即分送给所有缔约国和委员会。

第十三条　修正或修改

1. 本附件可按照《南极条约》第九条第 1 款采取的措施予以修正或修改。除非该措施另有规定，修正或修改应视为已获通过，并应在通过修正或修改的南极条约协商会议结束一年之后生效，除非一个或一个以上南极条约协商国在此期限内通知保存国希望延长这一期限或不能同意该修正案。

2. 按照上述第 1 款生效的本附件的任何修正或修改应在保存国收到任何其他缔约国的核准通知书时对其生效。

附件四

预防海洋污染

第一条　定义

为本附件目的：

（a）"排放"系指不论由于何种原因所造成的船舶的排放，包括任何逸漏、处置、溢出、渗漏、泵出、冒出或排空；

（b）"垃圾"系指在船舶正常作业期间产生的除鲜鱼及其各个部分以外的各种食品、日常用品和工作用品的废弃物，但第三条和第四条所涉及的物质除外；

（c）"MARPOL73/78"系指经 1978 年相关的议定书与此后生效的其他修正案修正的 1973 年《防止船舶污染国际公约》；

（d）"有毒液体物质"系指任何 MARPOL73/78 附录二所定义的有毒液体物质；

（e）"油类"指任何形式的石油包括原油、燃料油、油泥、油渣和精炼油产品（第四条规定的石油化学产品除外）；

（f）"油性混合物"指含有任何油性成分的混合物；

（g）"船舶"系指在海洋环境中运行的任何类型的船舶，包括水翼船、气垫船、潜水艇、浮船和固定的或浮动的平台。

第二条　适用范围

就每一缔约国而言，本附件适用于在南极条约地区运行时有资格悬挂缔约国国旗的船舶和任何其他从事或支援其南极活动的船舶。

第三条　油类的排放

1. 禁止将任何油类或油性混合物排放入海，但 MARPOL73/78 附录二准许的情形除外。船舶在南极条约地区运行时，应在船上留存所有油泥、脏的压载水、洗舱水以及其他不得排放入海的残油混合物。船舶只应在南极条约地区外的接收设备或在根据 MARPOL-73/78 附录二准许的其他情况下排放此类残余物。

2. 本条不适用于下列情况：

（a）因船舶或其设备受到损坏而将油类或油性混合物排放入海：

（1）如果在发生损坏或发现排放后，为预防或最大限度地减少排放已采取了一切合理的预防措施；并

（2）但船主或船长故意造成损害或因轻率行事而又知道可能会招致损害除外；或

（b）为最大限度地减轻因污染引起的损害，将用以对付特殊污染事故的含油物质排放入海。

第四条　有毒液体的排放

禁止将任何有毒液体物质和在数量或浓度上有害于海洋环境的任何其他化学物品或其他物质排放入海。

第五条　垃圾的处理

1. 禁止将一切塑料制品包括但不限于合成缆绳、合成渔网和塑料垃圾袋处理入海。

2. 禁止将所有其他垃圾，包括纸制品、破布、玻璃、金属、瓶子、陶器、灰烬、衬舱物料、衬料和包装材料处理入海。

3. 食品废弃物在经过了粉碎机或磨碎机的处理后，可准许处理入海，但是此种处理除 MARPOL73/78 附录五准许的情形外，应在尽可能远离陆地或冰架但无论如何距最近陆地或冰架不得少于12 海里之处进行。此类已经粉碎或磨碎的食品废弃物应能通过筛眼不大于 25 毫米的筛子。

4. 如果排放或处理本条所包括的物质或材料与其他此类待排放或处理但具有不同处理或排放标准的物质或材料混在一起时，则应适用最严格的排放或处理要求。

5. 以上第 1 款和第 2 款的规定不适用于：

（a）因船舶或其设备受到损害而逸漏的垃圾，如果在损坏发生之前为防止或最大限度地减少逸漏已采取了所有合理的预防措施；

（b）合成渔网的意外失落，如果为防止失落已采取了所有合理的防范措施。

6. 缔约国应在适当时要求使用垃圾记录本。

第六条　污水的排放

1. 除非会不适当损害南极活动：

（a）各缔约国不得在距陆地或冰架 12 海里以内将未处理过的污水（"污水"按照 MARPOL73/78 附录四的定义解释）排入海中；

（b）在距陆地或冰架 12 海里以外，不应将集污舱中储存的污水顷刻排光，而应以适中的速度并在实际可行的情况下，当船舶以不低于 4 海里的航速在航行途中进行排放。

本款不适用于已证明载运不超过 10 人的船舶。

2. 缔约国应在适当时候要求使用污水记录本。

第七条　紧急情况

1. 本附件第三条、第四条、第五条和第六条不适用于有关船舶与船上人员安全的或救护海上生命的紧急情况。

2. 在紧急情况下采取的活动的通知应立即分送所有缔约国和委员会。

第八条　对依附和相关的生态系统的影响

在执行本附件的规定时，应适当考虑避免对南极条约地区外的依附和相关的生态系统产生不利影响的必要性。

第九条　船舶的留存容量和接收设备

1. 每一缔约国应保证一切有资格挂其国旗的船舶和任何其他从事或支援南极活动的船舶，在进入南极条约地区之前，应在船上配备具有充分容量留存所有油泥、脏压载水、洗舱水及其他残油和混合物的舱柜，在南极条约地区内运行时，在船上具有充分能力留存垃圾，并在离开该区之后对此类残油和垃圾排入接收设施作出了安排。船舶还应在船上具备充分的能力以留存有毒液体物质。

2. 对于在驶往或驶离南极条约地区途中到达其港口的船舶，每一缔约国应保证按照使用其港口的船舶的需要，尽快提供足够设施以接受从船舶排出所有的油泥、脏压载水、洗舱水、其他残油和混合物垃圾，避免造成不当的延误。

3. 如果缔约国经营的船舶经其他缔约国的港口驶往或驶离南极条约地区，该缔约国应同那些缔约国磋商，以保证港中接收设施的设置不会使毗邻南极条约地区的缔约国承受不公平的负担。

第十条　船舶的设计、建造、人员配备和装备在从事或支援南极活动的船舶的设计、建造、人员配备和装备时，各缔约国应考虑到本附件的目的。

第十一条　主权豁免

1. 本附件不适用于任何军舰、海军辅助舰或其他由国家拥有或经营且当时只用于非商业性公务服务的船舶。但是，每一缔约国应采取不损害此类由国家拥有或经营的船舶的营运或营运能力的适当措施，保证此类船舶的行为在合理和可行的范围内符合本附件。

2. 在适用以上第 1 款时，各缔约国应考虑到保护南极环境的重要性。

3. 各缔约国应将其执行本规定的情况通知其他缔约国。

4. 本附件不适用议定书第十八条至第二十条所规定的争端解决程序。

第十二条　预防措施、紧急准备与反应

1. 为了对南极条约地区的海洋污染紧急事态或威胁作出更有效的反应，缔约国应按照议定书第十五条制订应急计划以对在南极条约地区的海洋污染作出反应，包括在南极条约地区运行的船舶（附属于固定点或船舶活动一部分的小船除外），特别是运油的船舶，以及由岸上设施造成的进入海洋环境的油溢。为此目的，缔约国应：

（a）在制订和执行此类计划时进行合作；并

（b）吸收委员会、国际海事组织和其他国际组织的建议。

2. 各缔约国还应确定对污染紧急事态作出合作反应的程序并应按照该程序采取适当的反应行动。

第十三条　审查

缔约国应不断审查本附件的规定和其他防止、减少和应付南极海洋环境的措施，包括任何按照 MARPOL73/78 通过的修正或新规定，以实现本附件的目的。

第十四条　与 MARPOL73/78 的关系

就那些既是本附件的缔约国也是 MARPOL73/78 的缔约国而言，本附件的任何规定不得损害其按照 MARPOL73/78 所承担的具体权利和义务。

第十五条　修正或修改

1. 附件可由按照《南极条约》第九条第 1 款采取的措施予以修正或修改。除非该措施另有规定，修正或修改应视为已获通过，并应在通过修正或修改的南极条约协商会议结束 1 年之后生效，除非一个或一个以上南极条约协商国在此期限内通知保存国希望延长这一期限或不能同意该措施。

2. 按照上述第 1 款生效的本附件的任何修正或修改应在保存国收到任何其他缔约国的核准通知书时对其生效。